# 「令和の日本型」教育と教師

## 新たな教師の学びを考える

*Education & Teachers*

日本教師教育学会　編

学文社

# はじめに

本書は、日本教師教育学会が企画した公開学習会及び一般公開シンポジウムの内容を収録したものです。いずれも、２０２１年11月15日に、中央教育審議会「令和の日本型学校教育」を担う教師のあり方特別部会が「審議まとめ」を出したことを受けて緊急企画として実施されたものです。この「審議まとめ」は、教員免許更新制の廃止と同時に、それに代わるシステムだけではなく、新たに「教員の学びのシステム全体」を作り直そうとする包括的な教員研修改革であることが特徴的であり、教員の研修履歴に関する仕組みの構築、教員支援機構による研修コンテンツの利用、「期待する水準の研修を受けていない教師には職務命令による研修の受講や職務命令に従わない場合には…人事上の措置を講ずる」等の案が盛られていました。しかし、ここからは、教員が自らのニーズに基づいて、自主的かつ共同で多様な学びを保障されるべき研修制度本来の姿を見出すことは難しいと考えられます。当日は、コロナ下でもあり、いずれもオンラインでの学習会及びシンポジウムでしたが、多くの参加者があり、国の新しい教師政策に対して多くの方が関心をもっていることが示されました。貴重な報告と質疑が行われましたが、その内容を、より多くの方に知っていただくためにも書籍化を考えようということになり、日本教師教育学会の研究推進委員会が中心となって本書の出版が実現しました。

第一回目の公開学習会（２０２２年1月23日）は、「教師の学び・教職の捉え方」からこの問題を考えるために、話題提供者として、東京大学の浅井幸子氏に「学校における教師の学びの視点から」と題する報告をしていただきました。第二回目の公開学習会（２０２２年2月13日）は、「教員研修・政策面」からこの問題を考えてみることにしました。話題提供者として、元立命館大学の久保富三夫氏から『審議まとめ』とその後の中教審合同会議での議論について考えることを」を、また、静岡大学の梅澤収氏から「機関包括型（whole-institution approach）の教師教育改革を考える〜令和の日本型の学校教育を創る教師教育へ〜」を報告していただきました。さらに、一般公開シンポジウム「『令和の日本型学校教育』と教師」（2022年3月13日）では、中教審の「審議まとめ」が包括的な教員研修改革の提言となっていることから、わが国の教員研修と学びのあるべき姿を考えることをねらいとして、以下の三人のシンポジストに報告をお願いしました。上越教育大学の安藤知子氏「システム化された研修を運用／活用する〈人の意識の問題〉をどう考えたらよいか」、元立命館大学の久保富三夫氏『審議まとめ』等にみる『新たな教師の学びの姿』について考えること〜教特法研修条項再生の視点から〜」、教職員支援機構理事長の荒瀬克己氏「教師の学びを取り戻す『研修』に向けて」。さらに、東京学芸大学の岩田康之氏に指定討論者として報告していただきました。

本書では、まず、序章として、この問題と本学会の対応に関する本学会会長の浜田博文氏による論考を収録しています。次いで、学習会及び公開シンポジウムでの報告を第1章から第4章まで収録しています。なお、荒瀬氏の報告については、終章で、岩田康之氏が、荒瀬報告の紹介と考察を行っています。

本書が、今後の我が国の教師政策を考える貴重な手がかりとなることを期待します。また、日本教師教育学会は、今後とも、我が国の教師教育の専門学会として、その責任を果たすための活動をより一層進めていきたいと思います。

2023年8月

日本教師教育学会常任理事・研究推進委員会委員長
仙台白百合女子大学名誉教授
牛渡　淳

# 目次

# 序章

# 「令和の日本型学校教育」論議と日本教師教育学会

浜田博文

本書は「令和の日本型学校教育」の構築を掲げる教育政策のもとで進行する教師教育改革への問題提起を意図して編まれています。日本教師教育学会は、教師教育について学問的に追究する専門学会です。２０２１年３月以降、中教審で教師教育改革が本格的に審議され始めてから、本学会の理事会では改革の方向性に対して疑問や危惧が表明されるようになりました。会長を務める筆者自身も、従来の教師教育政策とは異なる印象を抱き、ある種の危機感をもって注視するようになりました。

各章での議論に入る前に、いま進められている政策論議の背景と経過について簡単に整理し、そのうえで学会としての問題意識と議論の経緯について述べてみたいと思います。

# 教師教育改革の背景

## （1）初等中等教育の総合的な改革の進行

これからの学校教育や教師の在り方を語る際に、「令和の日本型学校教育」というフレーズは、今や必須となった感があります。これは言うまでもなく、中教審答申「「令和の日本型学校教育」の構築を目指して」（2021年1月26日、以下では「「令和の日本型」答申」と略称）の主題に由来します。同答申を導いた諮問は、コロナ禍が未だ想定されていなかった2019年4月17日、「新しい時代の初等中等教育の在り方について」という主題でなされています。

そこでは主に、①新時代に対応した義務教育の在り方について、②新時代に対応した高等学校教育の在り方について、③増加する外国人児童生徒等への教育の在り方について、④これからの時代に応じた教師の在り方や教育環境の整備等について、という四つの課題が提示されました。きわめて総合的で包括的な教育改革が想定されていたといえます。とくに本書が焦点をあてる四つめの課題では12項目にのぼる検討事項が列挙されており、一筋縄では解消できない問題がもつれあっている印象を受けます。

諮問から一年足らずの間に新型コロナウイルスの世界的な感染拡大が起き、学校教育の環境条件は一変しました。2020年度中には「GIGAスクール構想」が前倒しで実施されて児童生徒に一人一台の情報端末と各学校に高速大容量の通信環境が整備され、答申の内容はそれによって重大なインパクトを受けました。諮問から約1年9ヶ月後に出された答申では、一人一台端末とインターネット整備は「令和時代における学校の「スタンダード」」とされています。[1] この「新たなICT環境を活用する」文脈から、学習指導要領改訂の際に強調された「個に応じた指導」は「「指導の個別化」と「学習の個性化」を教師視点から整理した概念」と説明され、「この「個に応じた指導」を学習者視点から整理した概念が「個別最適な学び」」だと言い換えられています。[2]

この奇妙なロジックを用いて「最適な」という言葉を持ち出す理由は何でしょうか。それは、「米国・中国・シンガポールをはじめ、革新的な教育技法（EdTech）の開発と教育現場の改革が進行し、世界的に人材開発競争が激化する中、日本経済・地域経済の未来を切り拓く人材の育成を進めるべく、就学前教育・学校教育・リカレント教育の現場が目指すべき「未来の教室」の姿と、必要なEdTechの開発・導入に向けた課題を検討する新たな研究会を開催する」[3]という趣旨で２０１８年1月19日に経済産業省に設置された「「未来の教室」とEdTech研究会」の議論と提言にあります。そこではすでに「個別最適化」がキーワードの一つになっており、「第1次提言」（２０１８年6月）と「第2次提言」（２０１９年6月）[4]には「個別最適化学習」「個別最適化された学習」といった表現が頻出しています（傍点は筆者）。

中教審は２０１９年4月に諮問を受けて初等中等教育の改革に関する審議を進めました。同年12月13日の初等中等教育分科会第１２４回会議の「資料４－１」[5]には、「多様な子供たちを誰一人取り残すことのない、個別最適化された学びが実現」（傍点は筆者）という表現が明記されています。同年10月7日に公表された「中間まとめ」[6]の主題には「個別最適な学び」（傍点は筆者）という言葉が使用されましたが、本文には「学習を最適化する」という表現が残されていました[7]（傍点は筆者）。しかし最終的に２０２１年1月の答申では、子どもの学習や学びに関わる箇所での「最適化」[8]という言葉は無くなっています。

こうした経緯を踏まえると、経済産業省の「個別最適化」が中教審審議の過程で「個別最適な」へ言い換えられた事実がみてとれます。いずれにしても、「最適」という表現は現行学習指導要領から続く教育改革では用いられることがなかったにもかかわらず、ここで一気に表舞台へ登場することになりました。

## （2）コロナ禍の下での学校教育の動揺

２０２０年2月27日、新型コロナウイルスの感染拡大を防止するために故安倍元首相が全国一斉休校を突然要請し、3月2日から学校は臨時休校となりました。卒業式や新年度への移行を間近に控えていた教育現場はさまざまな混乱に陥りました。他方で、学校では「学びを止めない」というかけ声のもとさまざまな工夫がなされ、既存のＩＣＴ機器やインターネット等を駆使してオンラインによる授業の試行が行われました。

政府は Society 5.0に向けて２０１９年度から開始した「ＧＩＧＡスクール構想」を前倒しで実施し、授業での情報端末の活用の機運は一気に高まりました。蛇足ですが、大学も例外ではありません。オンラインの多様な形態での授業実施やオンデマンド配信用の動画作成など、筆者を含む大学教員の多くはそれまで考えたこともなかった知識やスキルを学ぶことになりました。職場や学会等の会議もほとんどがオンライン形態となりました。

折しも、国の政策では以前から「学校の働き方改革」が重要な焦点になっていました。２０１９年1月25日の中教審「新しい時代の教育に向けた持続可能な学校指導・運営体制の構築のための学校における働き方改革に関する総合的な方策について（答申）」を受け、文部科学大臣を本部長とする「学校における働き方改革推進本部」が施策を推進しつつありました。しかし、コロナ禍とそれに伴う学校現場の動揺が、それにある種のブレーキをかけました。

２０２０年7月~8月に東京大学大学院の若手研究者グループ（研究責任者：浅井幸子）はｗｅｂ調査を実施し、全国45都道府県の教職員４０１名の回答を得ています[9]。その結果によると、この年の7月の業務量が前年度同月と比べて増えたとする回答者は64・1％（「とても増えた」29・2％、「少し増えた」34・9％）にのぼっています。また、「感染予防や感染者発生時の対応などの職場の衛生管理」に不安を感じている者は75・8％を占めました。

児童生徒への感染を防止するために校舎内を消毒してまわり、オンライン授業を行うための研修と授業準備に時間を費やすとともに、自宅で長時間を過ごす児童生徒の生活状況に細心の注意を払うなど、学校の教師には大きな負荷がかかることになったのです。

教育新聞社が２０２２年3月に独自に実施した調査によれば、一人一台端末の導入により授業・校務の負担がトータルで「増えた」「どちらかといえば増えた」と回答した小中学校の教員・管理職は60・5%にのぼっています。[10]ＩＣＴ環境の整備や授業での活用、あるいは校務の効率化などは、コロナの感染状況がこのまま収束したとしても現時点において、未だに途上にあると考えるべきでしょう。

コロナ禍に見舞われる以前から、教師の過重労働は解決すべき最重要課題の一つでした。それは教職の魅力を低下させ、教員採用試験の採用倍率の低下を招き、ひいては深刻な教員不足にもつながっています。２０２１年3月には文部科学省が「教職を目指す学生や社会人の方に、現職の教師が前向きに取り組んでいる姿を知ってもらうこと」を意図した「「#教師のバトン」プロジェクト」を始めたところ、[11]逆に現場の過酷な実態を伝える現職教員等の投稿が相次ぐことになって批判を浴びたことは記憶に新しいところです。[12]

## 科学技術イノベーション政策の一環としての教育改革

「令和の日本型」答申の本文は「人工知能（ＡＩ）、ビッグデータ、Internet of Things（ＩｏＴ）、ロボティクス等の先端技術が高度化してあらゆる産業や社会生活に取り入れられた Society 5.0 時代が到来しつつあり、社会の在り方そのものがこれまでとは「非連続」と言えるほど劇的に変わる状況が生じつつある。」の一文から始まっています。約１５０年間続いてきた日本の学校教育を大きく変革すべきだという強いメッセージが読み取れます。

ここに並んだキーワードの一つ「Society 5.0」は、２０１６年1月22日に閣議決定された第5期「科学技術基本計画」が、新しい産業創造を提唱する文脈で「世界に先駆けた「超スマート社会」」という日本の未来社会像を含意して用いたキャッチフレーズです。[13]「科学技術基本計画」は１９９５年制定の科学技術基本法に基づいてその翌年以降、政府が5年ごとに策定してきたもので、２００１年1月の中央省庁再編後は内閣府に置かれた総合科学技術会議が審議しました。同会議は2014年5月から「総合科学技術・イノベーション会議（Council for Science, Technology, and Innovation：CSTI）」に改められ、前掲の第5期計画はそこで審議されたものです。科学技術基本法は2021年に科学技術・イノベーション基本法に改称されて、科学技術・イノベーション政策が人文科学などの文科系学問分野をも包摂する性質を一段と強めることになりました。

同法に基づき「科学技術基本計画」も第6期は「科学技術・イノベーション基本計画」に改称されて2021年3月26日に閣議決定されました。同計画が「第2章　Society 5.0の実現に向けた科学技術・イノベーション政策」の中に「一人ひとりの多様な幸せ（well-being）と課題への挑戦を実現する教育・人材育成」という項目を設けて、初等中等教育の改革や民間企業経験者の教職への迎え入れ等にも言及している点には注目しておかなければなりません。同年9月には教育・人材育成ワーキンググループが設置され、ほぼ月1回のペースで7回の審議を経て政策パッケージがまとめられ、2022年6月2日付のCSTI会議で「Society 5.0の実現に向けた教育・人材育成に関する政策パッケージ」[14]が承認され公表されています。

このように、第5期科学技術基本計画から第6期科学技術・イノベーション基本計画への移行期において、Society 5.0の実現を目指す内閣府主導の政策は着実に、そして迅速に初等中等教育改革を射程に含めた歩みを進めています。本書が注目している教師教育の改革は、基層においてここでの議論と深く連関しているのです。

## 本学会としての中教審審議への対応経緯

2021年1月に「令和の日本型」答申が出された後、3月12日付で「「令和の日本型学校教育」を担う教師の養成・採用・研修等の在り方について」の諮問がなされると同時に、「「令和の日本型学校教育」を担う教師の在り方特別部会」（以下、特別部会と略称）が設置されました。その中心的な課題は、①「令和の日本型学校教育」

を担う新たな教師像と教師に求められる資質能力について、②質の高い教職員集団の在り方について、③教員免許の在り方について、④「令和の日本型学校教育」を支え、多様化した教職員集団の中核となる教師を養成する教員養成大学・学部、教職大学院の在り方について、⑤教師が、自らの人間性や創造性を高め、子供たちに対して効果的な教育活動を行うことができる環境整備について、の5点です。

同年4月27日に特別委員会内に「教員免許更新制小委員会」が設置され、「教員免許更新制について、現場の教師のニーズに応じた資質能力の向上と負担の軽減の両立を図るとともに、臨時的任用教員等の確保を妨げない制度に改善することが可能かという観点で、検討を行うこと[15]」とされて、教員免許更新制の廃止とともに、その後の新規の研修受講履歴記録等におよぶ審議が進められました。

そうした審議が開始されて間もなくの２０２１年６月14日付で、本学会は、理事会および会長名で特別部会部会長渡邉光一郎氏宛に「審議に対する要望書[16]」（巻末掲載資料）を提出し、マスコミに公表しました。これは、特別部会を中心に進められている教師教育改革の議論の方向性が、各学校および教師による主体的な研修を脅かす危険性をはらむと考えたからです。そうした本学会の問題意識を広く発信するため、同年7月18日に「『令和の日本型学校教育』を担う教師と教師教育の在り方を問う」と題する緊急公開シンポジウムを開催しました。

特別部会の審議は着々と進行し、同年11月15日付けで「「令和の日本型学校教育」を担う新たな教師の学びの姿の実現に向けて　審議まとめ[17]」が公表されました。その内容は教員免許更新制度の見直し（廃止）とともに、それに代わる「新たな教師の学びの姿」の具体を提示しています。教育状況が変化するスピードの高まりを強調することで教師が「新たな知識技能の修得に取り組み続ける必要がさらに高まっている[18]」と説き、「教師一人一人の個別最適な学びが求められる[19]」と主張しています。また、「教師の学びは、具体的な目標に向かって、体系的・計画的に行われることが必要である[20]」と断定するなど、教師の職能発達は選択的変容型で文脈・状況依存的だとする研究知見[21]に相反することが記述されてもいます。また、オンラインによる研修とその受講履歴管理、および任命権者や学校管理職等の「対話」による研修受講奨励など、教師の現職研修システムにとどまらず、学校管理職の管理責任の強化等に言及する内容ともなっています。

この審議まとめにはどのような問題が内在しているのでしょうか。これがそのまま制度化されると教師の研修の在り方にどのような影響が及ぶのでしょうか。それらを析出しあって理解を深めるために、本学会は2回の会員向け公開学習会を開催することにしました。第1回は、「教師の学び・教職の捉え方から」というテーマで2022年1月23日に、第2回は「教員研修の制度・政策面から」というテーマで2月13日に開催しました。そこでの議論を踏まえて、3月13日には、一般公開シンポジウム「「令和の日本型学校教育」と教師」を企画し、特別部会の部会長代理である荒瀬克己氏（独立行政法人教職員支援機構理事長）を登壇者に迎えて議論を行いました。

その後、2022年5月11日の参議院本会議で教育公務員特例法および教育職員免許法改正がなされました。これによる教員免許更新制の廃止から、多くの教員は解放感に浸ったことでしょう。しかし、それに代わって準備された「公立の小学校等の校長及び教員としての資質の向上に関する指標の策定に関する指針（案）」[22]と「研修履歴を活用した対話に基づく受講奨励に関するガイドライン（案）」[23]の内容はその時点で教員の間でどれだけ知られていたでしょうか。

前者は教師の研修受講履歴の管理を学校管理職とりわけ校長の責任として強化する一方、校長の役割・責任についての記述の浅薄さが顕著です。学校の自主性・自律性の確立を見据えて積み上げられてきた校長の役割や専門性に関する研究知見はほとんど踏まえられぬまま[24]、「これからの時代においては、特に、様々なデータや学校が置かれた内外環境に関する情報について収集・整理・分析し共有すること（アセスメント）や、学校内外の関係者の相互作用により学校の教育力を最大化していくこと（ファシリテーション）が求められる」という具合に、「対話」の概念に都合よく合わせて「校長の指標」が論じられていました。また後者では、受講記録の対象とされるべき研修の範囲、記録の仕方、活用の仕方、受講奨励の方法などが子細に記述されていました。

もとより、教師一人ひとりの職能発達や将来のキャリア形成に関する校長と教師のコミュニケーションは重要です。しかし、そのためにこうした仕組みが必須要件だと認識する前提には、いったいどのような教職観や校長観があるのでしょうか。10年に一度の免許更新という機会が無くなると教師は学ぼうとしなくなるとでもいうのでしょうか。研修受講履歴の記録がなければ校長は教師と健全なコミュニケーションをとることができないとでもいうのでしょうか。いずれにしても、こうした仕組みを構想する側には、教師や校長を教育に関する高度の専門職と捉える基本認識がないのではないでしょうか。疑問を禁じ得ません。

これらの指針案とガイドライン案について2022年7月1日から7月30日にパブリックコメントが募集されたことを受けて、本学会は会員にパブリックコメントの応募を呼びかけるとともに、8月21日に緊急公開学習会「中教審による「新たな教師の学び」は何をもたらすか？—教師の主体的な研修の保障という視点から—」を開催しました。この学習会で登壇した岩田康之氏は、入職前の教職課程コアカリキュラムによる教員養成コンテンツ管理、採用時に採用者側から示される「求める教師像」、入職後における教員育成指標に基づく研修計画、というように「新たな教師の学び」を準備するという仕組みの「前提となる教師像の〈幼さ〉」を指摘しました。そして、教員免許更新制度創設の重要な契機となった2007年1月の教育再生会議第一次報告「社会総がかりで教育再生を」にまで立ち戻って、一部の「問題教師」や「不適格教師」を排除しようとする狙いの伏在について問題提起しました。また伏木久始氏は、「研修履歴の管理」制度を具体化していくと、学校現場の校長の役割と責任を過大にすると同時に、教員の主体的な研修を促進するよりも、人事管理を強化することになるのではないかという懸念を提起しました。

他方で、2022年5月18日の教育公務員特例法の改正を受けて、8月31日付けで文部科学省総合教育政策局長と初等中等教育局長の連名による「改正教育公務員特例法に基づく公立の小学校等の校長及び教員としての資質の向上に関する指標の策定に関する指針の改正等について（通知）」が出されました。それは「公立の小学校等の校長及び教員としての資質の向上に関する指標の策定に関する指針」の改正と同指針に基づく「研修履歴を活用した対話に基づく受講奨励に関するガイドライン」の策定を示したうえで、校長及び教員としての資質の向上に関する指標（いわゆる育成指標）の改正を任命権者等に対して求めるものでした。各地方自治体では、「新たな教師の学びの姿」を実現すべく、各教員の研修受講履歴を記録して管理するシステムが着々と構築されている段階にあります。

そうして、２０２２年12月19日には、「『令和の日本型学校教育』を担う教師の養成・採用・研修等の在り方について～「新たな教師の学びの姿」の実現と、多様な専門性を有する質の高い教職員集団の形成～（答申）」が提出されました。

## 本書の問題意識

本稿執筆時点の中教審審議とそれに対する本学会の対応経緯は以上のとおりです。あらためて振り返ると、学会の動きとしては、急ピッチで進行した政策論議の後追いに終始してしまったという思いが残ります。しかし、現行学習指導要領が学校に強く求めてきた「主体的・対話的で深い学び」に対して、今進められている「新たな教師の学びの姿」の基底を成す教師像の他律性は、きわめて対照的だといえます。

専門職（profession）がそれとして成立するために、「自律性（autonomy）」は欠かせない要素です。教職が一つの専門職だと考えるなら、その専門性（その業務を遂行するために必要とされる固有の見識・知識・技能）は教職にある教師自身が中心となってコントロールすべきだといえます。ところが、専門職論の基本ともいえるこのことが、今日の教師教育の政策論議ではほとんど考慮されていません。それどころか、教師の職能発達過程を研修受講履歴という形に「見える化」して、任命権者や服務監督者の管理対象と位置づけてしまっています。とくに、その管理の責任を各学校の校長に担わせる制度の構築は、教育実践をめぐる自由で創造的なコミュニケーションであるべき校長と教師のコミュニケーションに、統制的な性質を持ち込んでしまうのではないかと危惧されます。
教員免許更新制の廃止は歓迎されるべきことです。ところが、「新たな教師の学びの姿」という触れ込みで構築されつつある研修の仕組みは、多くの問題をはらんでいます。本書の内容を通して、学校教育と教師の在り方に関心を寄せる多くの方々に、そのことを考えていただきたいと思います。

注

（1）中教審答申「「令和の日本型学校教育」の構築を目指して」（２０２１年2月26日）、15頁。
（2）同右、18頁。
（3）第1回「「未来の教室」とEdTech研究会」の「資料1」、２０１８年1月19日。提言の表紙裏の囲みの中で、「この提言においては「EdTech」という用語を、テクノロジーを活用して教育に変革をもたらすサービス・技法を構成する要素テクノロジーそのものを指すものとして用いている」とし、「例えば現時点では、蓄積された大量の個人学習データをAI（人工知能）が解析し、個別最適化した学習プログラムをきめ細やかに提供するサービス」などがあると説明している。https://www.meti.go.jp/shingikai/mono_info_service/mirai_kyoshitsu/pdf/001_01_00.pdf［２０２２年8月15日最終閲覧］
（4）経済産業省「未来の教室」とEdTech研究会「第1次提言」（２０１８年6月）。https://www.meti.go.jp/report/whitepaper/data/pdf/20180628001_1.pdf［２０２２年8月15日最終閲覧］
経済産業省「未来の教室」とEdTech研究会第2次提言「未来の教室ビジョン」（２０１９年6月）。https://www.meti.go.jp/shingikai/mono_info_service/mirai_kyoshitsu/pdf/20190625_report.pdf［２０２２年8月15日最終閲覧］
（5）「新しい時代の初等中等教育の在り方　論点取りまとめ（案）」https://www.mext.go.jp/kaigisiryo/content/000021387.pdf［２０２２年8月15日最終閲覧］
（6）中教審初等中等教育分科会「「令和の日本型学校教育」の構築を目指して～全ての子供たちの可能性を引き出す、個別最適な学びと、協働的な学びの実現～（中間まとめ）」（２０２０年10月７日）。https://www.mext.go.jp/content/20201007-mxt_syoto02-000010320_2.pdf［２０２２年８月15日最終閲覧］

（７）同右、14頁。

（８）「最適化（optimization）」はシステム工学の概念で、多様な変数を織り込んで基本的には所定の目的に照らした「最適解」を算出する含意をもつ。子どもの自律的な学習にとって「最適」という概念はそもそも妥当なのか、根本的に問い直す必要がある。

（９）有井優太・今村健太・岩堀翔太・小俣海斗・渡部裕哉『コロナ禍における教師の心理状態並びに実態認識に関する調査報告書〈速報版〉』（２０２０年９月30日）。https://www.schoolexcellence.p.u-tokyo.ac.jp/wp/wp-content/uploads/2020/05/965e1a8b62a673bef45d1042e6ec0030.pdf［２０２２年８月14日最終閲覧］

（10）「教育新聞」２０２２年４月15日付。

（11）文部科学省ＨＰ「「#教師のバトン」プロジェクトについて」。https://www.mext.go.jp/mext_01301.html［２０２２年８月16日最終閲覧］

（12）朝日新聞 DIGITAL「残業時給80円、毎日泣いてる「#教師のバトン」に悲鳴」（２０２１年４月10日）。https://www.asahi.com/articles/ASP496VQ1P49UTIL017.html［２０２２年８月16日最終閲覧］

（13）「科学技術基本計画」（閣議決定、２０１６年１月22日）、10頁。https://www8.cao.go.jp/cstp/kihonkeikaku/5honbun.pdf［２０２２年８月13日最終閲覧］

（14）内閣府ＨＰ「教育・人材育成ワーキンググループ」https://www8.cao.go.jp/cstp/tyousakai/kyouikujinzai/index.html［２０２２年８月13日最終閲覧］

（15）「教員免許更新制の在り方の見直しについて」、資料５－１、教員免許更新制小委員会（第１回）会議資料（２０２１年４月30日）。https://www.mext.go.jp/kaigisiryo/content/20210430-mxt_kyoikujinzai02-000014649_8.pdf［２０２２年８月16日最終閲覧］。

（16）日本教師教育学会「審議に対する要望書」（２０２１年６月14日）。https://drive.google.com/file/d/1bmeBaCTFhf3A

OyeuEYnthzSSmXC4X6ud/view［２０２２年８月16日最終閲覧］

（17）中央教育審議会「「令和の日本型学校教育」を担う新たな教師の学びの姿の実現に向けて　審議まとめ」（２０２１年11月15日）。https://www.mext.go.jp/kaigisiryo/content/20211221-mxt_kyoikujinzai01-000019560-14.pdf［２０２２年８月16日最終閲覧］

（18）同右、７頁。

（19）同右、８頁。

（20）同右、14頁。

（21）山﨑準二『教師のライフコース研究』創風社、２００２年、３６３頁。

（22）「中央教育審議会「令和の日本型学校教育」を担う教師の在り方特別部会　中間まとめ（案）概要」（２０２２年12月19日）。https://www.mext.go.jp/kaigisiryo/content/000181523.pdf［２０２２年８月16日最終閲覧］

（23）「令和４年度（令和３年度実施）公立学校教員採用選考試験の実施状況のポイント」（２０２２年９月９日）。https://www.mext.go.jp/kaigisiryo/content/000181537.pdf［２０２２年８月16日最終閲覧］

（24）校長の役割と力量・専門性に関する研究は数多い。とくに日本教育経営学会は２００９年に「校長の専門職基準」を策定し、２０１２年には一部修正したほか、関連する書籍も刊行している。日本教育経営学会ＨＰ、牛渡淳「校長の専門職基準（２００９年版一部修正）その他について（２０１２年）」（２０１３年１月）。http://jasea.jp/proposal/proposal2012/［２０２２年８月16日最終閲覧］

※また、筆者らは２０１８年から取り組んできた研究成果を次の図書として刊行予定である。浜田博文・諏訪英広編著『校長のリーダーシップ―日本の実態と課題―』学文社、２０２４年（刊行予定）

# 第1章

# 中教審審議とその問題点
## ――学校における教師の学びの観点から

浅井幸子

### 「審議まとめ」に対する懸念

2021年11月15日に、「「令和の日本型学校教育」を担う新たな教師の学びの姿の実現に向けて」と題された中央教育審議会の「審議まとめ」が公表されました（以下、「審議まとめ」）。この「審議まとめ」は、教員免許更新制の廃止の決定を受けて、それにかわる教師の学びのシステムを構想することを謳っています。しかし、この構想に含まれているのは、免許更新制の代替にとどまりません。これまで免許更新講習とは別に行われてきた研修も含め、現職教師の学びのシステムを総合的に構想しようとしています。

本報告で問題にしたいのは、そのデザインに内包されている教師の学びについての考え方です。多くの論点がありますが、私は特に以下の三点に懸念を持っています。

第一に、この「審議まとめ」が提示する教師の学びは、トップダウンで一方向的に見えます。学校における学びが軽視されていて、教室の子どもから学ぶということは位置づいていません。研究者や教育委員会はコンテンツの提供者のようであり、子どもや教師や授業から学び、共に研究するものではありません。ドナルド・ショーンの「反省的実践家」の概念が日本で本格的に紹介された1990年代以降、専門家としての教師像は、科学的な知識を実践に適用する技術的熟達者としての教師から、複雑な実践の中で状況と対話しながら判断を行う反省的実践家としての教師へと転換してきました[1]。しかしトップダウンで知識を得て、それによって「より効果的な教育活動」が可能であるかのような記述は、技術的熟達者としての教師像を前提としているように見えます。

第二の問題は、教師の学びが個人主義的に捉えられている点にあります。個々の教師が自らの現状を認識し、研修を受けることによって足りない知識や能力を計画的に身につけるというのが基本的な学びのイメージです。「協働的な教師の学び」の必要性について言及はあるのですが、その言及の仕方は以下の二つの点において不十分です。一つめは、「個別最適な学び」が強調され、それが「孤立した学び」にならないようにというかたちで「協働的な学び」が位置づけられている点です。前者に重きが置かれ、後者には前者を補完するような役割が与えられています。もう一つは、「協働的な学び」に言及する際に、学校というコミュニティやその同僚性はほとんど重視されていないという点です。学校ベースの「校内研修や授業研究」は、オンラインの研修の「小グループ」や「教職大学院における学び」と併記され、どちらも「協働的な学び」とされています。

第三に、「審議まとめ」の構想は、教師の専門職としての学びを支援するというよりも、教師の学びを管理し統制するものとして捉えています。まず、教師の学びについて、「目標があって体系的・計画的に行われる必要がある」と記されていますが、これは先にも述べたように、反省的実践家よりも技術的熟達者を前提とする単純な学習モデルとなっています。また、教師が研修を受けたことをシステムに記録して任命権者や服務監督権者・学校管理職等との対話に活用できるように、マイナンバーと紐づけるといった記述は、監視的な性格を持つのではないかと危惧されます。「必ずしも主体性を有しない教師に対する対応」という表現もありますが、ベースにあるのは教師の専門職性の尊重ではなく、教師への不信です。共同的で自律的な学びを支えるという発想ではなく、個別化によって無能化された教師を管理統制するという発想に基づいています。とりわけデジタル技術とビッグデータの活用に関わる記述は、管理と監視のディストピアさえ予期させます。

これらの特徴から懸念されるのは、教師の学びが専門家としての学びにならない、すなわち子どもの学びに結びつかないのではないかということです。確かに答申が述べるように、子どもが学ぶためには教師が学びつづける必要があり、研修はそれを支える重要な機会です。しかし、限られた時間の中で、どのような研修に重きを置くべきでしょうか。教師の研修が子どもの学びにつながるかどうかは、その研修のあり方によるのではないでしょうか。

## 授業研究と教師の学び

専門家としての教師は、どのように学び育つのでしょうか。**図1**は、教師がどこで学び成長するかということを示した図になります。教師の学び成長する場は、自分のクラス、自分の教育実践が中心にあり、その周りに学校の同僚や管理職、さらに周囲に教育委員会や大学という形で同心円状になっているということを示しています。周りの研修が充実するに従って、同心円の中央がドーナツのように空洞化し、学校内で教師が学び成長する機能が衰退します。「審議まとめ」が構想する研修システムは、外周を充実させる方向性を示しており、ドーナツ化をさらに促すことが危惧されます。そうではなく、真ん中を充実させる形で周囲の研修が位置づくシステムを構築する必要があります。

教師の学びの中核にあるのは、学校ベースで行われる授業研究と、授業研究を通した同僚性の構築です。日本では歴史的に学校における授業研究が行われてきましたが、その目的や機能は多様です。稲垣が指摘するように、明治期の授業研究は授業の定型の普及を目的として行われていました。しかし大正新教育の実験学校では、教育

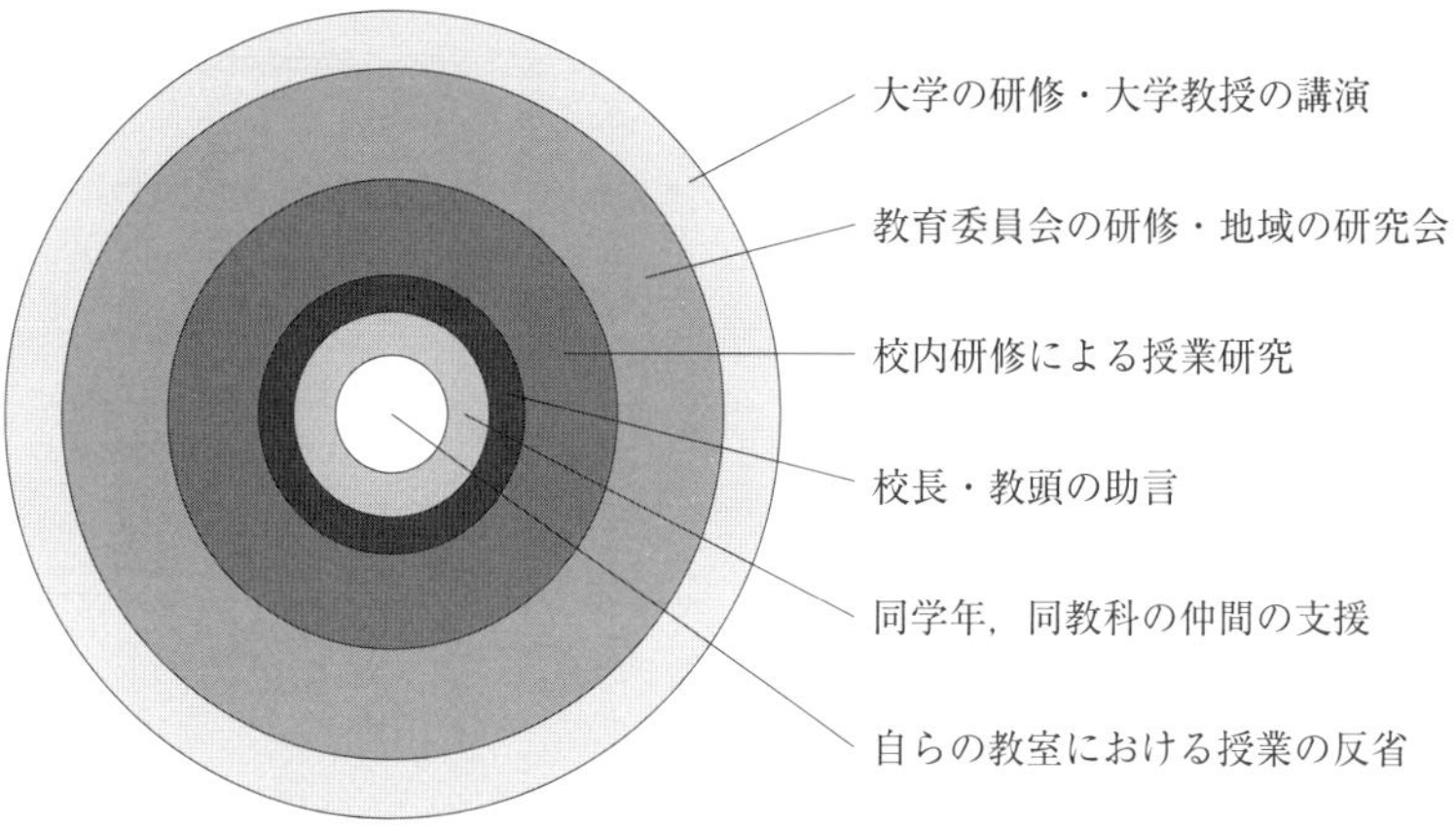


図１　教師の学び成長する場の同心円的構造
出典：佐藤学『専門家として教師を育てる』岩波書店，2015年，118頁。

方法や教育課程の改革のための授業研究が登場します[2]。第二次世界大戦後は、授業研究に新たな目的が加わります。著名な島小学校の学校改革では、教師の専門家としての成長が主要な目的として浮上しました。さらに１９９０年代以降は、「同僚性」という言葉の普及とともに、教師が専門家として学び合う組織と関係の構築が目指されるようになりました[3]。

「同僚性」は、アメリカの教育研究者ジュディス・リトルが学校改善の研究において見出した collegiality の概念が翻訳されたものです。リトルは学校改善に成功する学校の教員集団に「同僚性の規範」、すなわち教員相互の成長と学校改善のために頻繁で厳しい相互作用を当然視する規範を見出しました[4]。日本では、この概念の紹介に伴って、専門家である教師の協働や連帯、学び合い、そして専門家共同体の重要性が認識されてきました。例えば佐藤学さんは「同僚性」を、「相互に実践を高め合い専門家としての成長を達成する目的で連帯する同志的関係を意味して」いると表現しています。教師の孤立は連帯と自律性の樹立を妨げ、「官僚的統制」による学校の維持をもたらします。しかし、多様な思想と信念を持つ人々が同僚性を構築することは容易ではありません。佐藤さんは、同僚性を樹立するには、「教育の方式や信念の多様性を尊重し合う民主主義」と「立場や考え方の相違を超えて率直な意見が交流される信頼関係」が必要だと述べています[5]。

この同僚性という言葉がもたらした視座の転換、すなわち個々の教師の専門的な成長から、専門家として学び合い育ち合う関係の構築へという転換は重要です。ここには、複数性と共同体という二つの価値を見出すことができます。

第一に、同僚性の考え方には、複数性に対する積極的な価値づけの可能性が含まれています。すなわち、知識や技術のない教師が、知識や技術のある教師から学ぶという構図ではなく、相互に学び合うという考えを見出すことができます。複数の教師の視座が学びを可能にするということを、イタリアのレッジョ・エミリア市の幼児教育では「共‐存在（co-presence）の原則[6]」と呼んでいます。レッジョ・エミリア市の幼児教育は、その質の高さで世界的に注目されていますが、その特徴の一つとして、二人の先生が一つのクラスを担当するシステムがあります。リナルディはその前提を「共‐存在の原則」と表現しました。ここでは、二人の先生の違いが革新的な要素をもたらす、すなわち異なる視点を持つ二人の教師の「共‐存在」に差異の価値（value of difference）があると捉えられています。教育や教育者の中核的な質は、「異なる観点」「対話」に見出されています。この「共‐存在の原則」には、教師の仕事を孤独から救うためのかなり強い意味合いが込められています。リナルディによれば、レッジョの外では、教学の自由と個人主義の考えがあるために「共‐存在の原則」は受け入れられていません。その状況を、彼女は、「一人の教師が抱える孤独と虐待」という言葉で表現しています。なおレッジョでは、ペダゴジスタ（教育専門家）やアトリエリスタ（芸術専門家）を制度化していますが、これらの教師とともに省察する人々も、異なる観点と対話をもたらす存在として位置づけられています。

第二に、同僚性の考え方は、共同体への着目を導いています。秋田喜代美さんは、同僚性とは「専門職共同体のあり方を捉える概念」だと述べています[7]。具体的な授業研究に即すと、専門家として学び合う同僚性の関係においては、個々の教師が専門家として成長するだけでなく、専門家共同体の文化や知識が形成されます。秋田さんはその際に起きていることを、次のように述べています。[8] 授業検討会は、「授業において、何を捉えどのように関連づけ意味づけて捉えているかを語り合うことで、授業を言語的に再構成して考え学ぶ場」です。そのように、「暗黙の理解を他者に語り、焦点化して議論する」ことによって、「一つの意味」が形成されます。「協働で生徒の学習や授業についての理解や知識を構成する」ということが行われているのです。

木村優さんと岸野麻衣さんも、授業研究には教師を育てるという面と学校を育てるという面の両方があることに言及しています。[9] 一方で個々の教師は、授業研究を通して、教えることの技術を磨きます。また共に学び続ける集団において、子どもの学びを捉える力量を形成し、授業を不断に研究し省察します。公教育を担う使命と責任を得ます。もう一方で、授業研究は学校を育てるものとして捉えられています。それは教室を開き、その学校のビジョンを共有し同僚性を耕すものとして、そして学習する組織を築き、複数性を理解し、「省察と協働による共創的対話を行う」ものとして、すなわち共同体の文化を作っていくものとして捉えられています。

このように、学校ベースの授業研究を通した学びにおいて、個々の教師の学びと共同体の学びは相互にからみあって成立しています。個々の教師の学びは、複数の教師の関係においてこそ成立しますし、そのプロセスは学校という共同体の文化と知識の構築のプロセスでもあります。このような機能は、学校外の教師との研究活動や、大学や教育センター等の講義には持ちえません。それらが意味を持たないというわけではありませんが、学校における学びを代替することはできないのです。

## 学校における授業研究の事例から

学校ベースの授業研究について、具体的な事例に即して考えてみたいと思います。学びの共同体の学校改革に取り組んでおり、私もその学びに参加していた首都圏の小学校の事例になります。学びの共同体の授業研究は、教師が学び合う同僚性の構築を目的としています。そして、従来の授業研究が一部の教師しか行っていなかったり形骸化したりしている状況をふまえて、以下のような改革を行っています。校内研修を学校経営の中心に据えて、すべての教師が授業を公開すること。「教師の教え方」の研究から「学びのデザインとリフレクション」の研修へと転換すること。「評価と助言」の場から「専門家としての学び合い」の場に転換すること。教師個人の学びから、専門家の学びの共同体の建設へと目的を転換すること。そのことによって、個々の教師の「専門的知識」や「実践的知見」だけでなく、「教師の使命と責任」を共有し合うことが企図されています[10]。事例の首都圏の小学校も、コロナ下で教師が集まりづらいという困難は抱えながらも、「一人も独りにしない学びを目指して」を主題として掲げて授業研究に取り組んでいました。以下、名前は仮名です。

私が訪問したある日、焦点授業は、若い先生が担当する5年生の算数の授業でした。最初に、先生と子どもたちが相談して、「今まで学習した図形の面積の求め方を使って、台形の面積の求め方を考えよう」という「めあて」が決まりました。子どもたちに細長い方眼紙に上底9㎝、下底3㎝、高さ4㎝の台形を書いた紙が配布されます（**図2**）彼ら彼女らは、机を四人グループにした状態で、しばらく一人で課題に取り組んだ後に、必要に応じて隣の席の人や向かいの席の人とやりとりを行います。そして黒板で、四種類のアイデアが共有されました（**図3**から**図6**）。

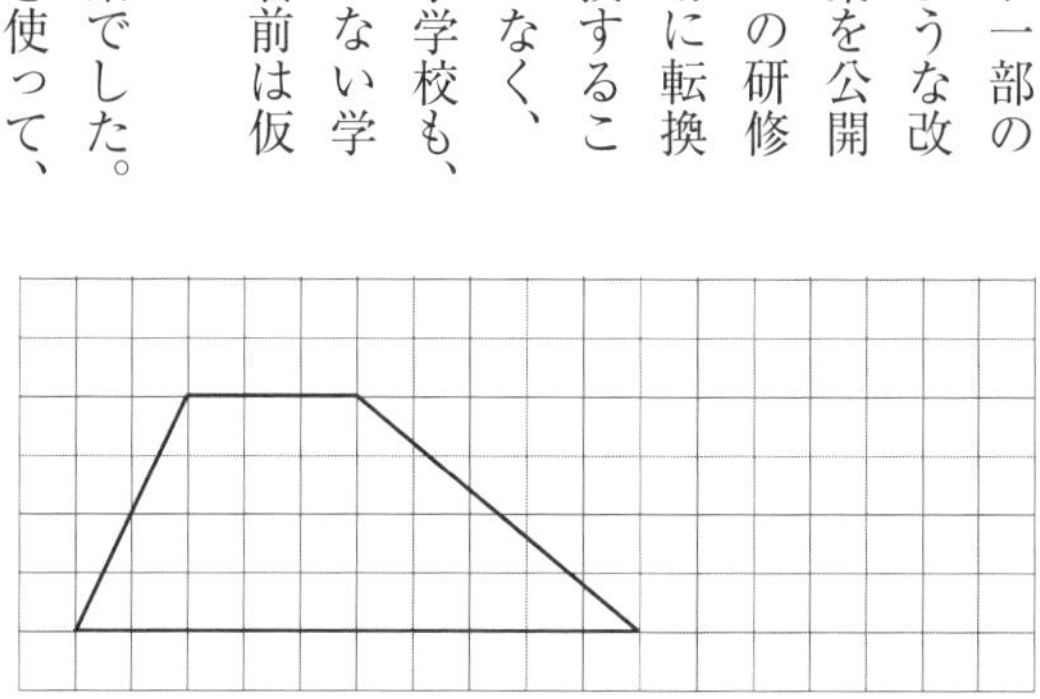
図２　第一の課題

四つのアイデアを共有した後、子どもたちは、今度は、縦が5マス（5㎝）に増えた課題（**図7**）に取り組みながら、どのアイデアが「は・か・せ（速い、簡単、正確）」かということを考えました。そして、最後に、ノートに「振り返り」を書いて、この授業を終えました。

私が授業を見ながら興味深く感じたのは、**図6**のアイデア4をめぐる出来事です。このアイデアは黒板で共有された時に、子どもたちが思わず拍手するような感嘆を巻き起こしました。必要な式が多く「は・か・せ」ではないように思われるにもかかわらず、振り返りで多くの子が「すごいと思った」「そういうやり方もあるのかと思った」「自分は思いつかなかった」と言及していたのはアイデア4でした。このアイデアを思いついたのは北沢さんです。最初、北沢さんのノートには、台形の左の直角三角形を右に移動させて長方形にした図（**図8**）と、

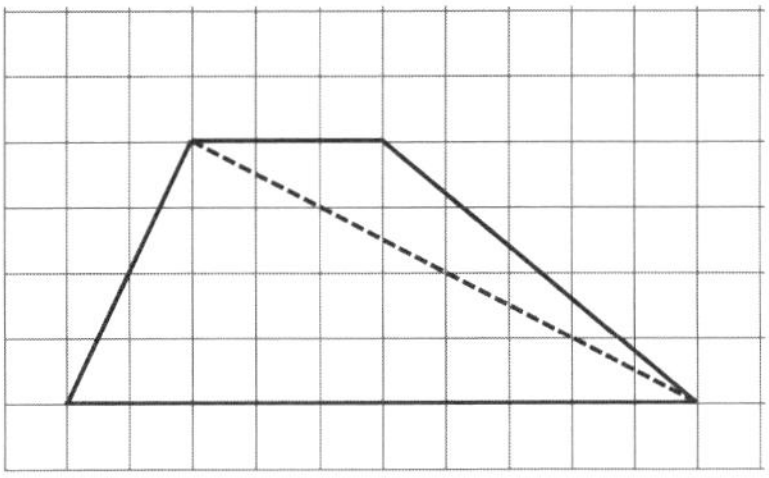
図3　アイデア1

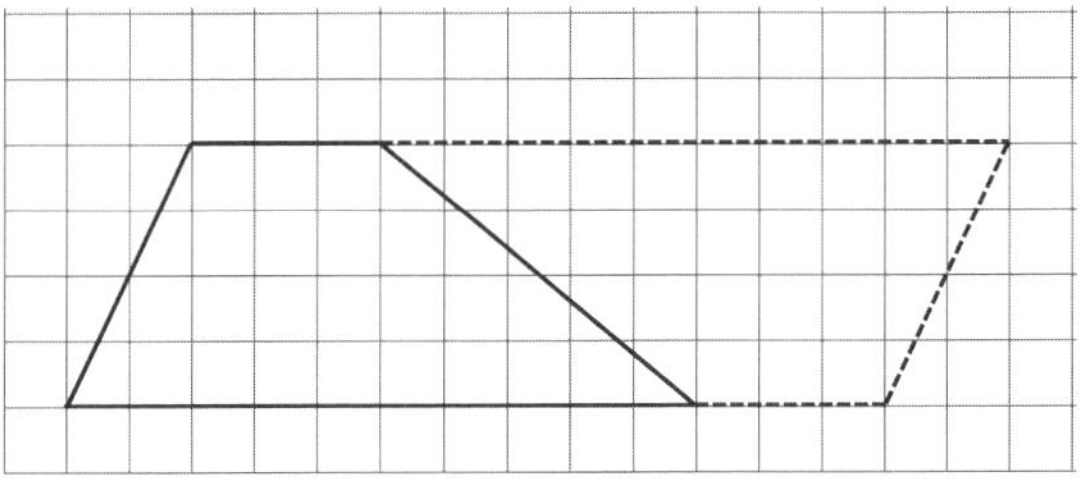
図4　アイデア2

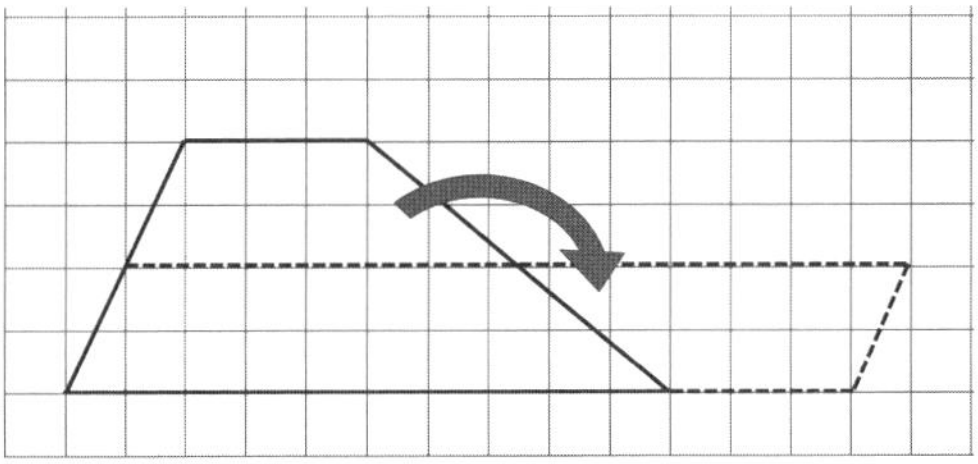
図5　アイデア3

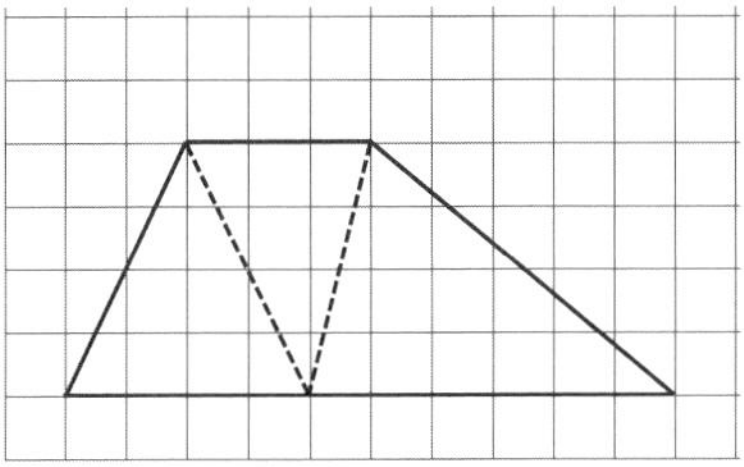
図6　アイデア4

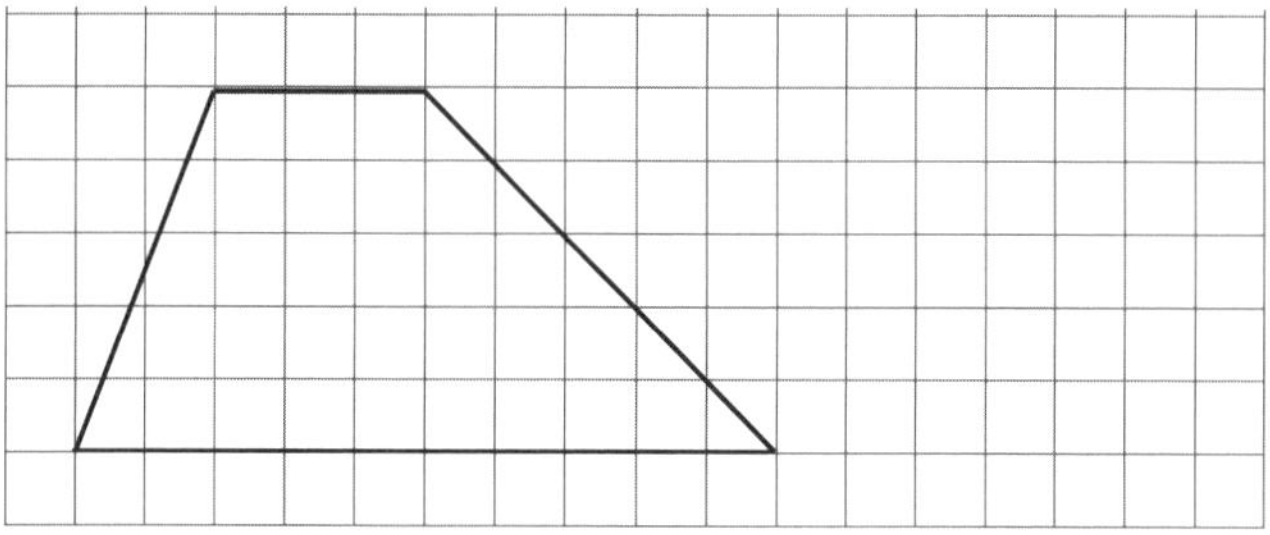

図7　第二の課題

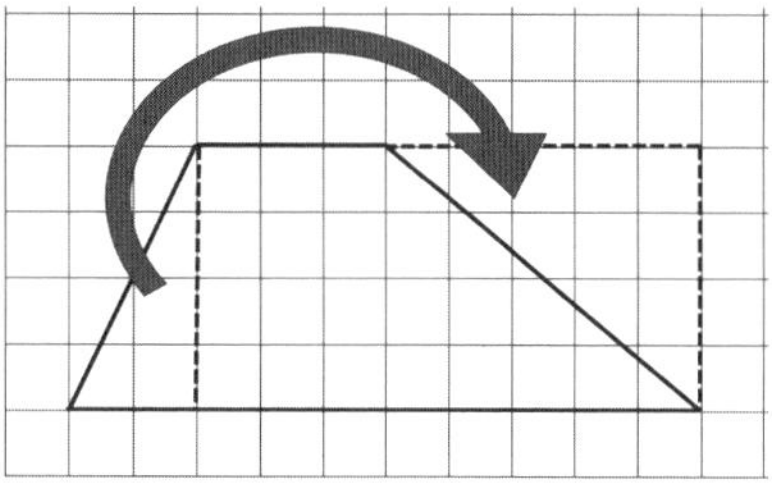

図8　アイデア5

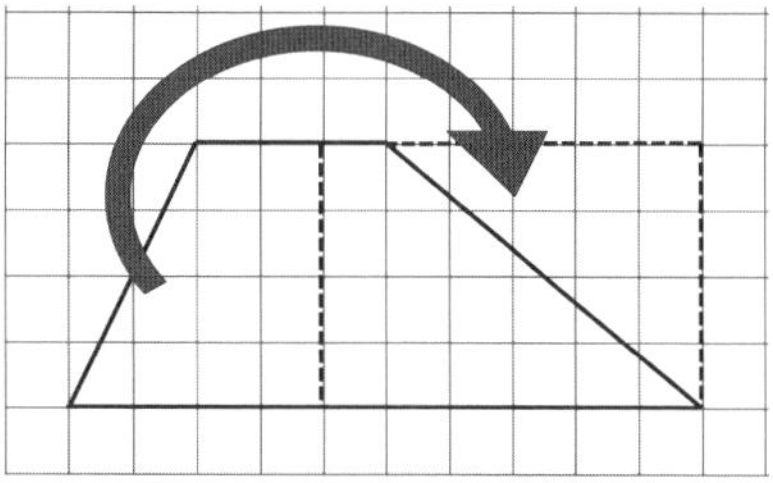

図9　アイデア6

台形を三角形二つに分けた図（**図3**）が描かれていました。**図8**を実際に計算して面積を求めた彼女は、数字が合わないことに気づいて「ぜんぜん、ちがくなっちゃった」と言いました。その言葉をきいた隣の席の松原さんがノートをのぞき込みます。北沢さんはノートに書かれた**図8**の三角形二つを鉛筆で指しながら、「これとこれ、大きさ全然違うよね」と言います。松原さんはマス目を数え、「こっちは2センチ、こっちは4センチ」と、三角形の底辺の長さの違いを数値で示しました。それを聞いた北沢さんは**図9**のように底辺を4㎝に広げた図を描こうとします。しかし、これは違うと思ったのでしょう、すぐに線を消して新しいアイデアを探りはじめました。しばらくして北沢さんは、「あ、こういう考え、ある」とつぶやきました。そうして彼女が作成したのが**図6**です。**図9**で左側の図形が三角形にならないことに気づいた彼女は、底辺はそのままにして図形を三角形にしました。しかし、そのまま移動させても平行四辺形や長方形は作れません。そこでもう一つ線を引いて、三角形を三つにしたのです。このアイデアが気に入った彼女は、その喜びを先生に伝えました。それを先生がとりあげて、黒板で発表することになりました。北沢さんは、「三角形にすれば面積を求められるから……」と自分のアイデアを説明し、丁寧に、でも弾むような口調で、三つの三角形の面積を足し合わせる計算式を伝えました。その発表が、他の子たちの心を捉え、教室にざわめきが起きたのです。

この授業の後に行われた校内の授業検討会で、先生方は、デバイス上の付箋アプリを使用しながら、グループで子どもの学びの事実について気づいたこと、学んだことを交流し、それを全体で報告しあいました。その中では、学級の雰囲気が暖かく子どもが一人で課題と向き合っていても孤立していないという印象や、算数の理解に困難のある福田さんが台形の形に切った紙を使って考えていて、先生の準備しておいた手立てが助けになっていたことなどが語られました。北沢さんの発表についても、「三角形にすれば面積を求められる」ということを明確に伝えることができた、との報告がありました。なお、何人もの先生が印象深く言及していたのが、図4のアイデア2をめぐる出来事です。このアイデアを前に出て説明したのは大野さんでしたが、そのアイデアは原さんが大野さんに伝えたものでした。発表の時に、原さんが「いけよ、できるじゃん」と大野さんを励まして、大野さんが前に出てきたのです。このような言葉が子どもから出てきたことに「驚いた」「グッときた」と先生方は語りました。

その中で、一人の先生が問いを発しました。「共有というのはいろいろな考えが出ることなのか」。子どもたちのよいと思うアイデアが、二つ目の課題を行ってもあまり収斂しなかった状況を受けての問いでした。その日にいらしていた指導主事の長崎先生は、その問いに直接答えたわけではありませんが、アイデア1とアイデア4は、実は中学校では点Pの移動という形でつながっていくのだというお話をされ、もっと深めてもいいのではないかと提案されました。実は長崎先生は、北沢さんの三角形三つのアイデアが出てきた時に、嬉しくなって、点Pの移動の図をメモしたのだそうです。続いて私も、北沢さんがアイデアを見出したプロセスや、その発見の喜び、そしてそれを他の子どもたちが感動を持って受け止めていたことについて話しました。そして私自身が「三角形にすれば面積を求められる」という北沢さんの普遍的な発見に驚いたし、子どもたちもそれを感じたのではないか、と言いました。実際、複雑な多角形でも三角形に分けて面積を求められます。そして副校長先生は、台形を求める公式はどのやり方からでも導けるということに言及されました。

さて、この一連の過程の中で、先生方、長崎先生、そして私が何をしたのかを、改めて考えてみたいと思います。それは秋田さん[11]や木村さんと岸野さん[12]が述べていたとおり、協働的な知識構築の過程であると同時に、個々の教師の学びの過程です。そしてそれは、固有名の子どもとその学びを中心とする共同体を形成しています。

先生方のまなざしは、人やモノとの関係の中で、子どもたちがどのように学んでいたかを捉えています。グループの中でだけ話されたことを入れると、何らかの形でほとんどの子どもの話が出たのではないかと思います。すべての子どもの学びを見るために、どの先生がグループを見るかということをあらかじめ決めることもあります。ただし、子ども個人ではなくグループである点は重要です。関係の中で見ていく必要があるからです。またその際に、子どもの学びやアイデアを焦点化しているという点も重要です。困難を抱えている子たちはもちろん気にかけますし、その子たちの今の状況について、前の学年を持った先生、同じ学年の先生、学校全体の先生が共有していくことは大事です。しかし授業研究は、子どものケアのためのカンファレンスとは違って、その子の学びの可能性を見出すところに重要な意義があります。研究授業ではしばしば、「あの子のあんなに頑張っている姿を初めて見ました」という言葉が聞かれます。普段の様子と違う姿を見ているということになるのですが、私はそれを問題だとは思っていません。少し気合の入った環境が準備され、いろいろな先生から暖かく期待に満ちた眼差しを向けられることで、子どもたちは異なる姿と異なる可能性を見せます。そのような経験を通して、先生方のその子の見方が変わっていくこと、他の子のまなざしが変化し、その子自身も自分に希望を持つことが重要です。それは研究授業の、ローカルで具体的な文脈の中での出来事としての意味です。研究授業は学びあうためにデザインされた場ですが、その学びは授業における学びと同じように、予測不可能なものに開かれながら意味と関係を編み直していくようなものとして考える必要があります。

その中核にあるのは聴くこと、リスニングの実践です。子どもの発見やアイデアを、その文脈や可能性、そしてそれに伴う喜びや驚きや悲しみといった感情も含むようなかたちで聴くことです。授業の中で授業者の先生も参観者も、子どもたちが対象について、この場合は台形の面積について、どのようなアイデアを持っているか、それが相互の関わりの中でどのように変化したり深まったりしているか、耳を傾けています。**図6**のアイデア4について考えてみましょう。それはさまざまな関わりの中で形作られ、意味を付与されています。おそらく北沢さんは、平行四辺形の面積の求め方を思い出しながら**図8**を描いたのでしょう。そして計算して間違いを確認し、異なるアイデアを探しました。それはとても丁寧で確かな過程です。そこに隣の松原さんの4㎝というアイデアが織り込まれ、**図9**のアイデア6が生まれます。それは先生の判断で教室全体に共有されたのですが、その時に先生が言った「この考え、面白いなと思ったんだ」という言葉は、先生が、アイデアの算数的な意味の前に、北沢さんの喜びや何かが生まれたという感触をキャッチしたことを伝えています。皆の前で話した時に、北沢さんは「三角形にすれば面積を求められる」と表現します。子どもたちはそれに耳を傾けました。そして検討会は、このリスニングの文脈を拡張するものとして機能しています。授業を観察していた先生方、私たちは、子どものアイデアや、一連のプロセスを聴きました。検討会でそれが交流されます。例えば長崎先生の点Pの移動という指摘によって、そのアイデアに内包される算数的な意味が豊かに見出されています。

授業は、それぞれ固有の存在である子どもと大人が、対象世界に耳を傾け、相互に耳を傾け、対象世界の意味とアイデンティティを共同で構築する営みです。レッジョ・エミリアのカルラ・リナルディは、聴くということについて次のように述べています。

もし子どもが自分の理論、解釈、疑問を持ち、知識を構築する過程の主人公であると信じるなら、教育において最も重要な語はもはや「話すこと」「説明すること」「伝えること」ではない。……「聴くこと」である。聴くことは、他者に開かれていること、他者の話に開かれていることを意味し、全ての感覚をもって百の（それ以上の）言葉を聴くことを意味する。子どもたちにとってそれ（聴かれること）は、自分たちのすることに価値があり、意味があるということを明示されるということだ。そうして子どもたちは、自分たちが「存在」していることを知り、匿名性と不可視性から現れ出でて、自分たちが言ったりしたりすることは重要であり、耳を傾けられ、真価を認め（appreciate）られていることを見出す[13]。

リナルディによれば、耳を傾けられることは子どもたちにとって、自分たちのすること、その発見やアイデアに価値があって意味があるということを知ることです。そのようにして、子どもは「匿名性と不可視性」から現れ出て、その真価を認められると言います。ここで「匿名性と不可視性」という言葉が用いられているのは、レッジョでは子どもが未熟な存在、耳を傾けられる価値のない存在として位置づけられていることを問題にし、子どものイメージをポリティカルな戦いの中核にしながら学校の文化を形作ってきたからです。

このように考えると、授業研究は、その固有名の子どもの考えやアイディアをさらに聴く、その多様な可能性を探る意味生成の共同的な営みです。同時に、そのことを通して、子どもの言葉を聞くこと、対象や世界に耳を傾けることを皆でレッスンし、学校の文化や価値を生み出しているのです。

## 民主的で共同的な学びに向けて

ここまでお話ししてきたように、学びは協働的かつ共同体のものとして考える必要があるということが私の主張の中心にあります。「審議まとめ」は、教師の学びを子どもの学びや教育研究や他の教師の学びと切り離し個別化して捉えている点にあります。教師個人の学びが存在しない、教師は一人で学ぶことができないと言っているわけではありません。オンラインでの学びの意味が全くないと述べているわけでもありません。また、学校での学びしか意味がないと主張しているわけでもありません。学校を超えた教師のネットワークにおける学びは、歴史的にも重要な役割を果たしてきましたし、これからもそうであるべきだと思います。私の報告で述べてきたのは、学校ベースの学びにはそれでは代替不可能な意味があり、その意味が重要だということです。そして私は、限られた時間の中で、学校ベースの学びが優先されるべきだと考えています。その意味では、個々人の教師のオンライン研修に時間をとられ、学校ベースの学びが衰退してしまうことを危惧しています。

教師の学びの場は、個人ベースのトップダウンモデルではなく、コミュニティモデルを基本としてデザインされる必要があります（図10）。このことは、学校が民主主義の場であるために、学びはどのようなものとして捉えられ、どのようにデザインされるべきかということと関わっています。トップダウンの知識の伝達は、技術的熟達者という専門家像がそうであるように、ハイアラーキーを構成しています。そうではなくて、子どもと教師と教師教育者が一緒になって共同体と意味を形成していくような、そういう学びを考えていく必要があるのではないでしょうか。

学校という共同体の学びの向上は、単純に可能なものではありません。教師が知識や技術を得れば良くなるというものではないのです。レッジョ・エ

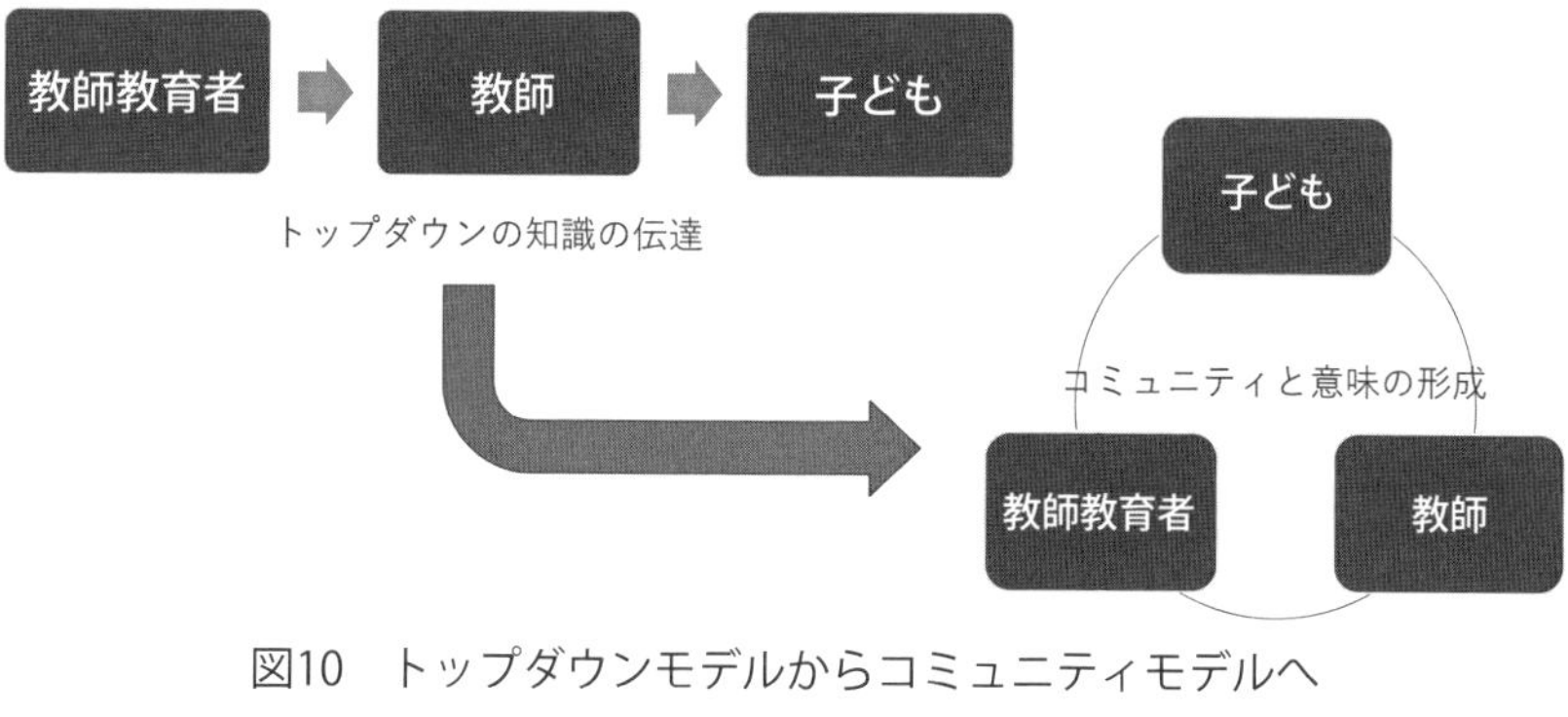


図10　トップダウンモデルからコミュニティモデルへ

ミリアでは、学校を、学校を取り巻くコミュニティも含めて、生き物のようなもの、有機体のようなものとして捉えています。そこで生じる出来事は、直線的な因果関係では捉えられません。しかし民主的なビジョンを持ち、場のデザインを通して学びを触発することで、学校をより良いものに変革しようとし続けることは可能です。学校ベースの授業研究は、そのような「変革的変化（transformative change）[14]」の持続的な場として考えることが有効なのではないかと思います。

この変革的変化という概念は、レッジョ・エミリアの幼児教育を研究する中で、イギリスの保育研究者のピーター・モスが提起している概念です。それは完全に見通しの立った変化ではなく、たどたどしくて断片的な変化です。ゴールに辿り着くというわけではなく、中間的なイノベーションの連続であり、持続的で、終わりがありません。それをモスは、持続的に動くこと、終わりのない「中間駅」、常に新しい存在をもたらす生成のプロセスとして表現しています。[15]「学び続ける教師」という教師のイメージは、このような文脈で捉え直す必要があります。学び続ける教師の概念は、教師という存在を、教える者から子どもとともに学ぶものへと転換させる点で重要です。しかし、「審議まとめ」が提示する「学び続ける教師」のイメージは、変化する社会の中で、子どもをよりよく教えるために学び続けなければいけないというかたちで、子どもを教えるという教師の役割を残したまま、個人が「学び続ける」ことを求めているように見えます。必要なのは、日常的に教師が専門家として学ぶ場をデザインし、リデザインすることではないでしょうか。

最初に提起した「審議まとめ」の問題に戻ります。教師の学びの構想において、子どもが出てこない、教室の具体的な子どもが位置づいていないのは、やはり奇妙だと思います。教師の学びを阻害してしまうシステムになる可能性が高いと思います。第一に、固有名の子どもとその学びを中心において、教師の学びや教師教育者の学びを組織していくことが必要です。第二に、教師を管理統制するのではなく、専門職にふさわしいかたちで、共同的かつ自律的に学ぶことができるコミュニティとシステムを構築する必要があります。この報告で述べてきたような学びを管理統制することは、最も避けるべきことです。そうではなく、そのための時間を確保し、経済的に支援してほしいと思います。第三に、この報告ではあまり強調してこなかった点ですが、勤務時間内で経済的な負担なく学べるようにデザインすることの重要性はいうまでもありません。そのためにも、教師の学びの場が日常の中にあって、子どもの学びと重なりあうことが望ましいと思います。

〔付記〕

この原稿を完成させた後で、中央教育審議会の答申「教師の養成・採用・研修等の在り方について～「新たな教師の学びの姿」の実現と、多様な専門性を有する質の高い教職員集団の形成～」（２０２２年12月19日）が出された。研修の在り方については、「審議まとめ」が踏襲されており、教師一人一人の「個別最適な学び」を強調しつつ、「協働的な教師の学び」も必要だという記述の仕方になっている。「各学校において行われる校内研修や授業研究など、「現場の経験」を含む学びが、同僚との学び合いなどを含む場として重要である」（41頁）という記述が、校内授業研究の時間を確保し、子どもの学びを中心とする共同体の学びの保障につながることを願う。

注

（１）Schön, D. A., *The Reflective Practitioner*, Basic Books, 1983.
（２）稲垣忠彦・佐藤学『授業研究入門』岩波書店、１９９６年。
（３）浅井幸子「教師の教育研究の歴史的位相」佐藤学・秋田喜代美編『岩波講座教育　変革への展望４　学びの専門家としての教師』岩波書店、２０１７年、35－64頁。
（４）鈴木悠太『教師の「専門家共同体」の形成と展開』勁草書房、２０１８年。

（５）佐藤学『教師というアポリア』世織書房、１９９７年。
（６）Rinaldi, C., *In Dialogue with Reggio Emilia: Listening, Researching and Learning*, Routledge, 2006.
（７）秋田喜代美「実践の創造と同僚関係」佐伯胖・黒崎勲・佐藤学・田中孝彦・浜田寿美男・藤田英典編『岩波講座現代の教育６　教師像の再構築』岩波書店、１９９８年。
（８）秋田喜代美「授業検討会談話と教師の学習」秋田喜代美、キャサリン・ルイス編著『授業の研究 教師の学習』明石書店、２００８年。
（９）木村優・岸野麻衣編『ワードマップ 授業研究』新曜社、２０１９年。
（10）佐藤学『専門家として教師を育てる』岩波書店、２０１５年。
（11）（８）に同じ。
（12）（９）に同じ。
（13）Rinaldi, op. cit., p.98.
（14）Moss, P., *Transformative Change and Real Utopias in Early Childhood Education: A Story of Democracy, Experimentation and Potentiality*, Routledge, 2014.
（15）浅井幸子「保育の新たな物語りへ―公教育としての保育」『発達』１６２、２０２０年、２－７頁。

# 第2章

# システム化された研修を運用／活用する

## ――〈人の意識の問題〉をどう考えたら良いか

安藤知子

上越教育大学の安藤と申します。よろしくお願いします。12月のアンケートの時に、いろいろと書かせていただきました。今日は、システム化された研修を運用あるいは活用する人の意識をどう考えたらよいかというテーマでお話をさせていただこうと思っています。

はじめに、まず12月のアンケートですが、何も言わないでおいてはいけないんじゃないかという思いに駆られまして、率直な感想や懸念することをあまり深く考えずに記述いたしました。そのときの記述の中身というのは、実はそれほど特異なことを書いていません。２０２１年10月に開催されました本学会の研究大会の際の公開シンポジウムが「教育者の資質能力と力量を考える」というテーマでありましたが、私もお話しさせていただいたんですが、そのときに話をしていた中央教育審議会（以下、中教審と略記する）の審議内容に対する懸念から、あまり大きな変化がなかったというのが第一印象でした。

ただ、やはり議論しなければいけないと思うことはたくさんあります。私自身もどういう方向性を見い出していったらよいか、まさに今悩んでいます。さまざまな先生方のお考えを伺いたいと思います。

## 2021年10月の公開シンポジウムでの主張の論点

私自身の「審議まとめ」を一読した際の最初の受け止めは、10月のシンポジウムでお話しした問題提起に対しては、大きな変化がなかったんじゃないかという第一印象があったということです。10月のシンポジウムは、これ自体は中教審の審議内容そのものがテーマだったわけではないのですけれども、「教師教育の在り方」というところから考えたときに、次のような三点ほどを主張させていただきました。

一点目は、まず今議論されている「令和の日本型学校を支える教師の資質力量」の議論というのが、「新しい教師の学びのあり方」と言っているのだけれども、職能発達の視点が抜け落ちているのではないか、ということです。単純に、コンテンツをたくさん身につける、勉強してインプットをすれば力がついていくというような教師モデルで考えられている気がします。要するに知識や技術を習得していけばよい。そのための研修履歴を重ねながら、それがポイント制になって得点として蓄積されていくというように、得点が高ければたくさん勉強をしているので資質能力が高いと考え、資質能力高度化の指標とする。あるいは、それをもって教員の質保証の根拠と捉えるようなことが考えられている。そうだとするならば、それはかなり不十分なのではないか。

それから、二点目、三点目のところでお話しさせていただいたのは、今現在中教審が議論している中身は、あくまでも育成指標や教職課程コアカリキュラムを構成するための大枠をどのように組み換えるかという点の議論であるという点です。このような、「教師のために用意されている学習機会」での「学びの在り方の転換」をどのように考えるべきかという限定的な議論であることを共有すべきではないか、ということが二点目でした。三つ目は、教師が本当に学びたいと思っていることは何かを考えたときに、単純にインプット可能な知識やスキルではないでしょう、ということです。10月のシンポジウムでは、これらの点を指摘しながら、やはり教師の職能発達の在り方にもっときちんと目を向けていかなければいけないのではないか、とお話しをさせていただいたのですが、その内容部分は、1月の勉強会のときに浅井先生が報告された内容そのものであったと思いました。10月のシンポジウムでも1月の勉強会でも、ディスカッションで話題になっていた部分はまさにこういうところだったのではないか。本来の教師の学びというものをもっときちんと理解して、そういうものが位置づく研修を考えなければいけない。「新たな教師の学びのあり方全体の問題」というような形で今回の審議まとめを捉えてしまってはいけないのではないか、という部分が出てきていたのかなと思います。

## 容認しがたいけれども否定しきれない

アンケートには、大きくみてだいたい以上の三点を書いたのですけれども、一点目に記述した内容は、第一印象に関わるものでした。「審議まとめ」自体をどう評価するかと問われれば、全体の話として見れば、これはなかなかやはり「教師の学び全体を再構築するもの」としては容認しがたい。ただ、容認しがたいのですけれども、そう言っていてもどうにもならない。容認しがたいのだけれども、一方でこういうシステム化が進行していくことも否定しがたいという思いが同時にあります。単純に否定して終われないからこそ、ここでの審議の内容に基づく議論の仕方というのが、ただ「容認できない、反対しなければいけない」ということだけではなくて、考えなければいけないことがいろいろあるんじゃないか。「審議まとめ」の内容に基づいて、今後の行政システムや教職教育カリキュラムの内容が再編されていく、そうなっていってしまうだろうと考えたときに、どのようなものであれば容認できるのか、あるいは何を心配し、少なくとも教師教育に関わる立場にあるものはどのような準備をしておかなければいけないのか、この二点を考える必要があるのではないかと感じました。

そこで、どのようなものであれば容認できるのか、というところをきちんと検討することが、例えば学会として今回の「審議まとめ」に対して意見を述べながら、最終的な法案段階でもう少し修正してもらいたいというような要望を出していくという部分に繋がると思います。これはまさに二回目の勉強会で久保先生が、本日もお話しくださると思いますけれども、ご指摘されていたような、何を研修履歴の中に含めていくべきなのか、何は含めないように要望するのか、というようなところにも繋がるのではないかと思っています。それから二番目の方は、少なくとも教師教育に関わる立場の者がどういう準備をしなければいけないかというところです。例えば二回目の勉強会で梅澤先生がご紹介くださったようなことは、大学全体として教師教育を新たな仕組みとして考えていく取組みの一例だったのかなと思っておりますが、私自身は大学全体として、というところまではまだ全然取り組めておりませんので、教師教育に関わっている一教員、大学での教師教育者というようなスタンスから、考えなければいけないことをいくつかピックアップしてみた、という形になっております。本日は、この部分についてもう少しだけ、ちゃんと自分の考えを述べるということで、資料を用意してみました。全然きちんとなっていないのですけども、この点について話したいと思います。

## 「否定しがたい」のはなぜか

ただ、その前にちょっとだけ寄り道をしたいと思います。「審議まとめ」で書かれている中身全体としては容認しがたいけれども、しかし同時に否定もしがたいというのはどういうことか。これは今回の「審議まとめ」がどういう意図、方向性をもっているかということだけではなくて、これまでの教師教育改革全体の文脈からみたときに、アカウンタビリティモデルに準拠した教師教育の標準化・スタンダード化というような潮流が、非常に大きな流れとして進んでいて、その流れに即したものであるということに目を向ける必要があるということです。これまで、教師教育学会でもたびたび緊急シンポジウムを開催したりパブリックコメントへの意見表明を働きかけるなど、教師教育の政策展開に対して問題認識を共有したり問題を指摘したりといった行動を重ねてきていると思うんですけれども、にもかかわらず進んできているこの大きな流れの向きを変えるというようなことはまずできないのではないかという、無力感も若干混じっているようなところもあります。今回の提言内容も、アカウンタビリティモデルに準拠した流れに乗っかっているだろう、ということです。

それから、この流れがなぜこんなに強いものになっているのかと考えたときに、これを押し進めているのが政策立案者のみではないことにも目を向ける必要があります。やはり学校教育が利害関係者からの信頼を失いつつあるために（その真偽もわかりませんが）、アカウンタビリティが信頼獲得や質保証のキーワードになってきていて、その信頼獲得や質保証のために、明確で理解しやすい仕組みが人々から求められているということです。その点で見たときに研修コンテンツを高度化、体系化して用意していって、その研修をどれだけ受講したかという履歴を記録することで、何を学んできた教師なのか視覚的にわかりやすくなるというようなことが、イコール教師の質を保証することになるんじゃないかと、多くの人々から期待されている。この点は否定しがたいのかなというふうに思います。

それからもう一つが、これと絡まり合っていると思いますけれども、教職に就いている人は非常にたくさんいるわけで、電車の中で100人乗客がいたら必ず一人は教師に出会うというくらいの教師の多さみたいなことを考えたときに、教職人口の中の単純労働者化が加速化しているのではないかと個人的には感じています。それで、この点について2021年に本学会の年報で書かせていただきましたし、[1] それからもう一つ書かせていただいたりしたんですけれども。[2] 特にやはり今後の人口減少の流れの中で生産年齢人口が極端に少なくなっていく。もちろん、それとともに子どもの人数も減っていって採用数も減少するでしょうけれども、そもそも教員になって欲しい年齢層の人口が減少していく中で、社会機能を維持するようにさまざまな職種に人材を配分しなければいけない。優秀な人材はどの職種でも欲しい。その中で教員採用倍率がどんどん低下する。そのような状況を考慮したときに、教職を担う層がどのような層なのか、ということも考えながら、この単純労働者化の傾向というのは一層問題化するのではないかと、なんとなく不安に感じている部分でもあります。

教師になっていく層がどういう層なのかという点も含めて考えたときに、アカウンタビリティモデルに準拠する教師教育はある意味でわかりやすいので、これが主流を占めるようになっていくことは否定しがたい。そこで、これに準拠して信頼獲得や質保証を考えなければいけなくなってくるということと、先生方が単純労働者化していくというようなこととが、どちらが先とは言えない状況が生まれてくるでしょう。両方が相互に関わり合っていて、若い先生方に限らず教職の単純労働者化が進んでいけばいくほど、質保証の仕組みというのはアカウンタビリティモデルに準拠したシンプルなものであることがよしとされるようになるでしょうし、アカウンタビリティモデルでの質保証というものがメインストリームになればなるほど先生方の単純労働者化が加速するでしょうし。というような、この三つ〈①これまでの改革文脈から見て、〈アカウンタビリティモデル〉に準拠した教師教育の標準化の流れに即している、②利害関係者からの信頼獲得や、質保証の必要から、明確で説明しやすい仕組みが求められている、③教師自身の単純労働者化が加速化している〉が絡まり合った状態で、教職の資質能力、力量、質保証というような問題が、どんどん変質しつつある。

今、その状況の中でのこの新たな学びのシステムの構築という議論なのかなと思っているところです。ここの否定しがたい流れというものをどう捉えたらいいか、それに対して学会としてどういう異議申し立ての仕方があり得るのかというようなことについて考えなければいけないと思っています。

## 何を心配し、どのような準備をしておかなければならないのか

そのうえで、何を心配してどんな準備をしておかなければいけないのか。私の話はちょっと、今の流れでどんどん進んでいくことを前提とした話になっているような感じがするかもしれません。そこもたぶん議論の余地が

あって、きちんと反対を表明して異議を申し立てて修正をしていくということをやらなければいけない。けれども、その修正のための意義を申し立てたとしても進んでいくことをどう予想し、どういう準備をするかということも考えなければいけない。その時に容易に想像できる、ぶつかるであろう困難を二つほど書かせていただきました。

懸念する点を大きく分けると、研修システムが具体化していったときに、それを運用する側がきちんと運用できるのかという懸念と、その研修システムを活用することになる教師がきちんと活用できるのかということに関する懸念と、という二点です。その二つの懸念を総合して考えたときに、タイトルとしては「人の意識の問題をどう扱っていくのか」、あるいは「教師教育者はどう理解しておかなければいけないのか」、という、人の意識の問題かなという風にタイトルをつけさせていただいております。

## 「研修システムを運用する側」についての懸念

運用する場合についての懸念というのは、まず第一に、研修コンテンツの高度化とか体系化に向けたシステム化というようなものが進んでいったときに、そういうシステム化に対応した形でソフト面でのフォローが同時進行で進むのだろうかというところです。現状でも、教員評価や学校評価がどんどん制度化されて学校に入っていって、校長等の管理職がそういったものを中心になって担わなければいけないわけですが、今回の「審議まとめ」でもこの校長等管理職による対話、あるいは研修の奨励というようなことが力を入れられていて、特に学校現場の管理職の人々が個々の先生方の研修履歴をきちんと理解しながら、対話によって研修を奨励していかなければいけない、と言われています。ただそのことを今現在の学校の状況に置き換えて、実際にどんな風に展開するかを想像してみると、さまざまな問題が浮かび上がってきます。校長等管理職の人事管理権限がいたずらに拡大しないだろうかとか、それから、今現在も校長等による教員評価面接などがあるわけですが、そういうところでの単純な負担増に繋がる可能性はないだろうか、ということころです。

現状でも評価者研修が十分機能しているかどうかについては研究的な吟味が必要です。評価者がどういうスタンスで教員を評価しなければいけないかということも、全国で評価者研修が展開していると思いますが、それがあったとしてもなお、きちんと教員評価が機能しているのかどうか、いろいろ課題や問題点があると思います。このような状況の中で、人事面談の際に校長が教職員と話をすることをもって「対話を大事にする」と言ってしまうとしたら、あるいはその中で「あなたはこういう研修を受けなさい」という指示を出すというようなことをもって研修受講の奨励だと読み替えられてしまうとしたら、それはかなり問題ではないでしょうか。

今回の提言の趣旨をきちんと理解して、個々の先生方が力をつけていくための学びをフォローするための対話や研修受講の奨励というようなことをできる校長をどうやって養成するのかというところをかなりきちんと考えないといけないのではないか。問題のある先生に対しては、研修受講指示を出すということについても言及がありますし、そこにはガイドラインの作成も検討されています。けれども、なかなかこれらの手続きを簡単に「対話で」と言っても難しいでしょう。状況としては、今の教員評価面談がより先生方にとって「受けなければいけない研修の指示が出される場」というような形に置き換えられていくと、割と簡単に想像できるのではないかと思っているところです。

今回の「審議まとめ」で強調されている対話というのは、一体何のことを言っているのか。何が大事だから面談、面接ではなくて対話と言っているのかがきちんと詰められてこないと、なかなか実現するときに難しいのではないかと思います。私個人としては、少なくとも「審議まとめ」の中で対話という言い方をしてはいけないのではないかと思います。せめて「審議まとめ」に書くべきことは、校長と管理職の役割について抑制的に、できることとやらなくてはいけないことのみをきちんと明記するというようなところにしておかなければいけないのであって、これがそのまま教員評価と結びつくような形での研修受講履歴の確認になってしまってはいけないと思います。少なくとも個々の教員の受講履歴を把握（管理）するとか、それを見て教員の資質力量を判断するとか、その教員にさらに必要な研修を判断し、アドバイスをするなどといった質的、状況依存的な関わり方について細かく言及すべきではないと考えます。「教員評価の実施」と「研修受講履歴の確認」は明確に切り離しておくことが必要でしょう。また、それとともに「研修受講の奨励」「期待する水準の研修を受けているとは到底認められないケースでの研修受講指示」については、いわゆる「不適格教員」の認定、研修受講のシステムと整合性があるように検討すべきだとも考えます。

勉強会のときからずっと、研修受講履歴というのが管理に繋がるのではないかということはディスカッションの中にも出てきていると思います。この研修受講履歴を管理するのは当事者本人である、すなわち教育委員会や管理職ではない、ということをきちんと明記、確認しないといけない。教育委員会や管理職等が研修受講履歴、データベース化されたものをきちんと把握するということは必要だと思いますけれども、それをもって「管理する」と言ってはいけない。誰が管理するのかと言ったときに、当事者自身が自分の研修履歴を管理するためにデータベースを見るんだと、そのように考えていかなければいけないのではないかと思っているところです。

## 「研修システムを活用する側」についての懸念

それから活用する側については、これもやはり1回目の勉強会のときからずっと話題になっているところだと思いますが、学びの成果の可視化や意欲管理のために研修受講履歴というものをきちんとデータベース化して、記録を管理していくことが重要だと言われているんですけれども、この部分が一人歩きすることによって、研修を受講したことが、イコール成果があったというような、研修を受講することが手段じゃなくて目的化する事態というのも、これもかなり容易に想像がつくのではないかと思います。本来は、可視化されるべき学びの成果というのは、どんな研修をどれだけ受講したかではなくて、その結果どのような子どもを育てられる教師になったのかというところ、あるいは地域や保護者からどんなふうに信頼される教師になったのかというところだと思うんですけれども、その部分はなかなか出てこない。その部分が評価できるわけではないのだとしたら、これはやはり成果の可視化という言い方はしてはいけないでしょう。これもやはり、「教員の質の評価」と「研修受講履歴の管理」というものを切り離した言及の仕方をしなければいけないというところに繋がります。

それからもう一つ、補足事項のところにも、いろいろ余計なことを書きました。これもやはり、受講履歴にその都度記録を残していくようなシステムが構築されたときに、そのシステムにアクセスする先生方がどんな意識でどのようにこれに取り組むかという、〈人の意識の問題〉を考えておかなければいけない、ということにつながります。これを考えたときに、フォーマルな研修とそうではない実質的な学びの二重化が生じるだろうということもわりと想像しやすいのではないか。浅井先生がお話しくださった授業研究のようなものこそ本当に実質的な学びの場になり得る、学校の先生にとって自分が学べたと思える場になると思うんですけれども、そういうものと、この受講履歴の記録をつけるために研修を受講しなければいけない、というようなものとが二重になっていってしまう可能性はないだろうか、ということです。

例えば、早稲田大学で複数の授業動画を同時に視聴していた学生の処分の問題が話題になったりしていましたけれども、これが笑い話ではなくなるということですね。それから、受講履歴を記録するときの記録の仕方の中で、どういうことを記入しておけば望ましいのかというようなことも、恐らく皆さん容易に理解できる。「作文」負担が増したりするんじゃないだろうかと思います。この「作文」が求められるようになったときに、まさに受講後の作文が目的化してしまって、余計な業務負担、本来の学びではないところでオンラインでの研修を受講して、受講したことに対して、「こういうことを新たに学びました、非常に勉強になりました」、というようなテンプレートの中で学びの成果を記録しておくというようなことが増えていくとすると、これは、逆にいくら質保証された研修コンテンツであっても実質的な学びが阻害されることになるのではないかと思います。

もっとも、現職の教師たちがそういう方向に流れていくかどうかというところは、先生方が基本的にどういう専門職意識をもっているのかについての、信頼の持ち方によってさまざま受け止め方は違うと思いますけれども。「今の先生方はそんなことに流れたりしないよ、基本的にはもっと授業研究をきちんとやりたいと思っている先生が圧倒的に多いんだから」、と捉えている方からすれば、こんなことを心配するのは取るに足らない杞憂だということになります。でも、実際に私は教員養成大学で教員養成に携わっていますが、教育学を学んでいる学生、大学院生を見ていて、こういうことが容易に想像できて心配になります。これは私の大学の学生の質が、ということではなくて、先生方がどういう本音を持っているんだろうかというようなところで考えてみれば、教師のバトンが炎上したといわれるような事例の中からも垣間見えると思います。

例えば、**表1**は、私が大学で担当している教職科目の中で、教職に関する資料を複数提示しつつ、受講生に教職は職業として条件が良いと思うか、悪いと思うかを尋ねたときの数字です。**表2**はどんな組織文化のある学校で働きたいかについて、これはハーグリーブスがモデル化した5つの図（**図1**[3]）を見せながら、個人主義型とか協働型とか、どんな文化型の学校で働きたいですかと聞いてみた結果なんですけれども。これは、いずれもまだ教職課程を学び始めたばかりの学生さんたちの、しかも授業の中で内容を学ぶ前のウォーミングアップ部分で率直な印象で聞いている数字ですので、授業後に意識が変わっていることは当然ありますし、内容がよくわからずに数字が出てきているということはあるのですが。

ここで、これらをお示ししましたのは、教師の勉強を始める前から条件が悪いと思っている学生がすごく多いというところを見ていただきたいのです。あるいはどんな組織の学校で働きたいかを尋ねたときに、意外と（図1の）1の個人主義型や、2の諸グループ独立分割型のように、明確に分かれている方が働きやすいと思っている学生もいるという点です。理由を聞くと、「あまり他の先生と密接に関わり合いながらではない働き方をできた方がいい」、「自分は自分でやりたい仕事ができた方がいいんです」と。仕事として何をやらなければならない

### 表1　教員を目指す大学生のホンネ

教職は条件の良い職業か？

| | | | | |
|---|---|---|---|---|
| 給与悪い | 給与悪い | 給与良い | 給与良い | わからない |
| 条件悪い | 条件良い | 条件悪い | 条件良い | 何とも言えない |
| 39 | 4 | 6 | 21 | 3 |

### 表2　どんな組織文化のある学校で働きたいか？

| 1.個人主義型 | 2.諸グループ独立分割型 | 3.協働的文化型 | 4.設計された同僚性型 | 5.自在に動くモザイク型 |
|---|---|---|---|---|
| 6 | 5 | 20 | 5（+2） | 22（+2） |

25％の学生が，「社会的相互作用」に基づく協働を重視していない。

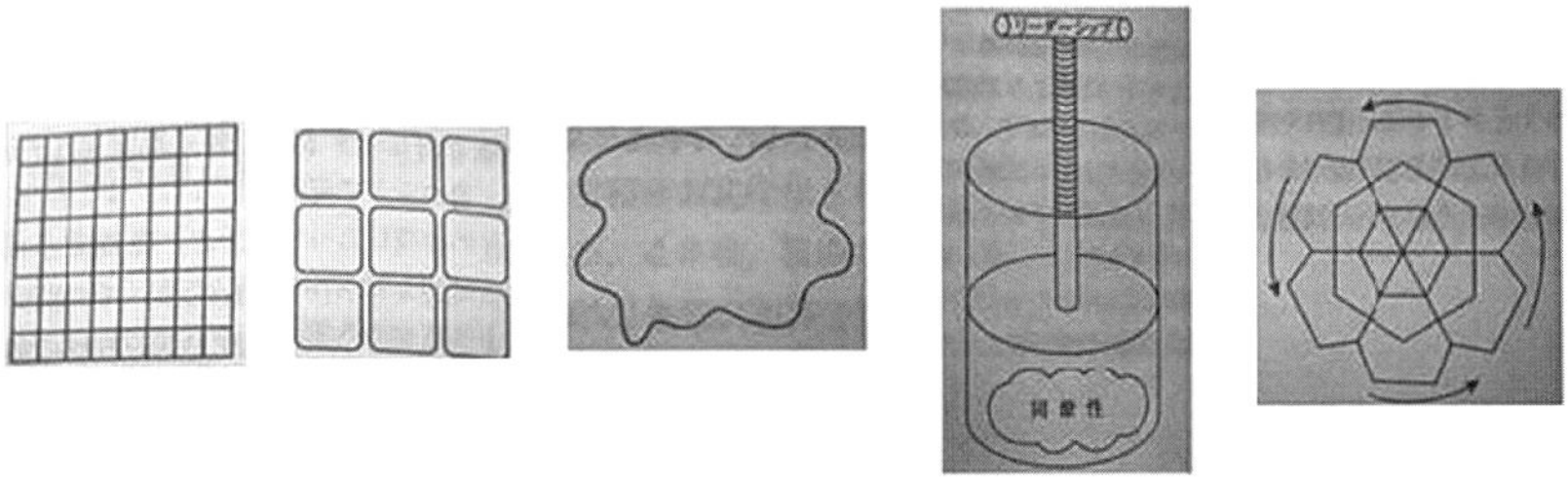

1.個人主義型　2.諸グループ独立分割型〈バルカン諸国型〉　3.協働的文化型　4.設計された同僚性型　5.自在に動くモザイク型

図1　教師文化の型

のかをきっちりと線引きして、自分に割り振られた仕事はきちんとするから、それ以外の「雑務」を減らしてほしい、休む時間、余暇の時間はきちんと保証してほしい。そう思うからこそ、みんなで一蓮托生のような働き方ではなく、合理的にある程度人と人との関係が分断されている方が働きやすい、ということなんです。仕組まれた同僚性型がよいというのも、「強いリーダーシップによって管理的にチームメンバーの同僚性が維持される環境は働きやすいのではないか」、という意味です。

数字にしてみれば圧倒的に、協働的文化型やモザイク型の方がいいと思っている学生が多いわけですが、個人主義型やグループ独立分離型、仕組まれた同僚性型のような職場で働きたいという学生も、合わせてみると受講者中の25％くらいになっている。現職教員の意識の変化や、教職を目指す学生の意識の変化はやはり軽視してよいものではないのではないか。これらが先程お話ししたような「質保証のわかりやすいシステム」支持に繋がっていくのではないかと思っています。

例えば、バーガー（Berger, J.）の『インビジブル・インフルエンス』[4]（２０１６年）や、クリシュナ（Krishna, A.）の『感覚マーケティング』[5]（２０１３年）など、人々の群集心理や一般大衆の購買行動が何によって引き起こされるのか、といったことを探求する書籍から学べることは、多くの世の人々はものごとの本質を見抜きながら行動するわけではない、ということです。そうではなくて、感覚的に容易で魅力的なところに流れていくのだということを想定しながら考えなければいけない。そう思ったときに、ビッグデータを活用した研修コンテンツ提供システムや、研修履歴管理システムの構築という新たな「教師の学びのシステム」が提案されていって、自分にとって一見すると有益な研修へのアクセスのしやすさが加速化していったときに、もはや本質を大事にする専門職養成はどんどん無力化するのではないかと、私は危機意識を感じています。

そういうことに対して必死に抵抗するつもりで、学部の教職課程でも専門職としての教職について一所懸命伝えようと思っているんですけれども、その点の難しさを日々感じております。その中で、こういう新たな学びのシステム化というものが進んでいったときに、さらにこの難しさは加速するのだろうと思います。

さて、「審議まとめ」に戻って、まとめたいと思います。これも浅井先生が1回目の勉強会でおっしゃっていたことですけれども、「新たな学びのシステムの構築に夢を見ないようにしなければいけない」と私も思います。それから、質の高い研修プログラムのコンテンツをたくさん用意していくというようなことが意図されていて、これを教職員支援機構が中心となって実現していくのであれば、ここの質の高い研修プログラム、研修コンテンツとは何かということも、きちんと議論しなければいけないと思います。もっと大学における研修とか、教師が研究することとか、楽ではない葛藤やストレスの多い経験にこそ学びがあるということを直視していかなければいけないのではないか。どこかでもっと声を大にして「大変なものの方が学びが大きいんだよ」ということを伝えていく人がいなければいけないのではないかと思っているところです。

論点は、誰がどのように管理職による「対話」のモデルを示すのか、学びの成果の可視化をどう考えるかなど、さまざまあり得ると思うのですが、私の方からは、やはりこの「新たなシステムを作る」ということと、「教師の学び」を保障するということとの間の溝をどう埋めていくのかということについて、先生方のお考えを伺いたいと思っています。

## 指定討論での応答：単純労働者化を脱する方法としての「対話」の重要性

岩田先生から私宛に出ていた、単純労働者化を脱する方法はどう考えたらよいかという質問ですが、これは私も日々困りながら、これといった策がないので、他の先生方の声をまさに伺いたいと思ったところです。本当に「否定しがたい流れ」というのは、おそらくこの先もこの流れで進んでいくと思いますし、単純労働者化自体も進んでいくと思います。個人的には、そこに抗おうとして学部や大学院の授業を大事にしています。そこでこそ対話をしていると思っています。

先程、私の授業のことを紹介させていただいたんですけれども、70名くらいいたときに、だいたい三分の一くらい、今までの省察する教師、授業研究を核にする教師の価値観を内面化している学生がいます。他に「もっとやるべきことをちゃんと言ってくれれば上手にできます」というような、学校でずっと優等生できたタイプの学生ですね、偏差値が高いからこそ「君は先生になったらいいよ」と言われて教員養成大学を選択してきたという、ある意味でキャリア教育をしっかりと経験してきていないような学生が三分の一くらいいる。そして、残りの三分の一くらいが、教師の姿をメディアなどの情報も介しながら捉えていて多忙解消とかＩＣＴ活用などの面で変わらなきゃいけないんじゃないか、変わりたいと思っている学生。今なんとなく、肌感覚ですがそんな感じです。だから大学や大学院で学生ときちんと向き合って対話をすることで、教師の専門性とは何かというところを考えることが大事だと思っているんです。

ですので、岩田先生がご指摘されたように、教師の主体的な学びに対するプロデューサー、ファシリテーターでもいいのかもしれませんが、対話の相手となって何を学ぶ必要があるのかを示す人はすごく大事だと思っているのですが。ただそこで、管理職が対話の相手になれるかといったら、恐らく読み違えが生じて誤解された事態が進んでいくことが懸念されるので、その対話とは何なのかを了解しなければならない。ちゃんと一人ひとりの教師が学ぼうと思っているときに、対話の相手になり得る人が必要なのだということを共有しなくてはいけないと思います。管理職が教員と面談で話をするときの対話というのは、管理職の側が個々の教員の自己評価を見ながら、学校経営をも念頭においてその先生に学んで欲しいことを話すとか、研修履歴を見ながらその先生に必要な研修内容を要請するというイメージです。ただ、個々の教師が教師として育つために何を学ばなければいけないのかは、管理職側が話すことではなく、対話の相手になる、その先生の話を聞くということで考えなければいけないのではないかと思います。

関連して、先程の荒瀬先生のお話を聞きながら、教職大学院の問題についても考えました。教師の学びにとって大学や大学院での研修にも再着目すべきだと思います。ですが、教職大学院が従来の教育学修士課程とは相当内容を異にしているのだけれども、大学院ということで一括りになってしまっている。教職大学院特有のカリキュラムの問題も実は結構大きいのではないかと思いながら聞いていました。具体的には、教職大学院のカリキュラムでは、実習が重視される半面で個々の学生が主体的に学ぶための内省や対話の余地がとても制限されているということです。これに対しても、具体的な解決策はないままですが、それでも学びたいと思っている先生方が学ぼうと思ったときに、話を聞いてくれる対話の相手は必要ではないかと思っているところです。

## 注

（1）安藤知子「教師教育改革の展開と教員の教職認識」『日本教師教育学会年報』第30号、52－61頁、２０２１年。

（2）安藤知子「教員研修の現状と今後の職能開発の在り方」『日本労働研究雑誌』№７３０、50－59頁、２０２１年。

（3）秋田喜代美「実践の創造と同僚関係」佐伯胖・黒崎勲・佐藤学・田中孝彦・浜田寿美男・藤田英典編『岩波講座　現代の教育6　教師像の再構築』岩波書店、２３８頁、１９９８年。

（4）ジョーナ・バーガー著、吉井智津訳『インビジブル・インフルエンス　決断させる力―あらゆる行動を方向づける影響力の科学』東洋館出版社、２０１６年。

（5）A・クリシュナ著、平木いくみ・石井裕明・外川拓訳『感覚マーケティング―顧客の五感が買い物にどのような影響を与えるのか』有斐閣、２０１３年。

## 参考文献

内田良・斉藤ひでみ・嶋崎量・福嶋尚子『#教師のバトン　とはなんだったのか』岩波ブックレット№１０５６、２０２１年。

油布佐和子『転換期の教師』放送大学教育振興会、２００７年。

第3章

# 「審議まとめ」等にみる「新たな教師の学びの姿」について考えること
## ――教特法研修条項再生の視点から

久保富三夫

昨年秋のパブコメで述べた意見を基本にして、その後の中教審特別部会（以下、特別部会）の審議傍聴等を踏まえて、今後の特別部会等での審議に期待することを述べたいと思います。なお、副題の「教特法研修条項」とは、教育公務員特例法（以下、教特法）の第21・22（旧19・20）条のことです。この2ヶ条は、1949年1月の同法公布・施行以来、ほぼ同一の条文です。なお、私は、「研修条項」を含む第4章研修（第21～25条の2）および第5章大学院修学休業（第26～28条）を合わせて、「研修関係規定」と呼んでいます。

## 「高度な専門職」である教師にふさわしい自主性・主体性・多様性・自律性を尊重する教員研修制度のあり方（「研修の自由」保障）について

### （1）研修理念と制度構想の矛盾

「審議まとめ」（以下、「まとめ」）では、専門職教師にふさわしい自主性・主体性・多様性・自律性を尊重する研修理念が述べられていますが、構想されている制度の内容（18～30頁）には理念との矛盾を感じます。

**①研修理念については、おおむね賛同する**

「まとめ」では、教師を「高度な専門職」として捉え（7、11頁）、それに「ふさわしい主体的な姿勢の尊重、……学びの内容の多様性の重視、……は、『新たな教師の学びの姿』を構想する上で鍵となる概念である」（11頁）と述べています。そして、「新たな教師の学びの姿」を実現するうえで教員免許更新制が「阻害要因となる」と明記しています（31～34頁）。その理由について、「こうした……変化を前向きに受け止め、探究心を持ちつつ自律的に学ぶという、高度な専門職にふさわしい水準で教師の主体的な姿勢が発揮されてきたと評価することには慎重にならざるを得ない。そうした制約の下での学びは、形式的なものとなり、学習効果を低下させてしまいかねない。10年に1度、特定の期間に免許状更新講習を受講することも、教師が常に最新の知識技能を学び続けていくという必要性と整合的とはいえない」（31～32頁）と述べており、同感です。

**②推奨する研修機会・機関の偏り**

ところが、具体的に研修機会・機関（学習内容）についての記述をみると、推奨されているのは、「教職大学院」、「各教育委員会や教職員支援機構が開設した研修、民間のさまざまなセミナー等」、それから「『現場の経験』を含む学び」としての「校内研修」に限定されるような印象がぬぐえません（15、29頁）。「高度な専門職」教師の自主的・主体的・自律的で多様性がある研修（研究と修養）であるためには、教職大学院以外の学部・院での学修や公開講座、教育学関連学会（それ以外の学会も含めて）などへの参加や発表、そして、戦後日本の教育研究運動において大きな役割を果たしてきた多彩・多様な民間教育研究団体主催の研究会への参加や発表も、幅広く認められねばなりません。[1]

## （2）専門職教師の「研修の自由」保障――政策の枠内に閉じ込めてはならない

教師の教育活動の自由は、児童生徒の発達段階や法規等により一定の制約を受けることは止むを得ませんが、研修（研究と修養）の自由は、できるかぎり幅広く認めることが、専門職教師の学びの姿としてふさわしいのではないでしょうか。いかなる教育政策にも万全のものはないので、教師の研修をその枠内に閉じ込めていては、政策を検討吟味し、たえざる改善を続けていくための新たな知見や理論の創造力が枯渇してしまうのではないでしょうか。あるいは、それは現職教員以外のどなたか（？）が果たす役割であって、初等・中等教育（幼児教育も）の教師たちは、あえて言えば「余計なこと」を考えずに、政策の枠内での研修、文部科学省（以下、文科省）や教育委員会等が推奨する研修内容の習得にひたすら励めばよいということなのでしょうか。そうではなく、「子どもの最善の利益」に最も接近する（と思われる）教育実践を紡ぎだしていくためには、担当教科・科目に関する専門諸科学の土台の上に、教育方法・技術や子ども理解の研究、また、教育の歴史や法制、政策に関する学習・研究が必要であると思われます。さらに、真に子どもに寄り添うためには、子どもと親・保護者が生きる現代社会（国内外）の諸問題についての幅広い学習による見識の醸成が求められています。

75年前の話ですが、次の「研究及び教育の自由」規定は、21世紀の現在においても継承できる（継承すべき）内容であると考えます。１９４６年12月26日の教育刷新委員会第６特別委員会第６回会議で報告された教員身分法案要綱案（教育公務員特例法の出発点）の第12項です。

12、研究及び教育の自由　　教員の研究の自由はこれを尊重し、何人もこれを制約してはならないこと。但し教育に当たっては教育の目的に照らし各級の学校により法令その他学校の定める制約の存することは認めねばならないこと。(2)

「高度な専門職にふさわしい」学びの姿を構想する特別部会において、まず確認すべきことは、教師の「研修の自由」を保障することです。それは、「子どもの最善の利益」に接近するための教師としての職責遂行上要請される「研修の自由」であり、「人間発達援助専門職[3]」としての教師に要請される「研修の自由」です。

## （3）研修の義務性・権利性とその名宛人

「まとめ」では、教育基本法第9条と教特法第21条1項の規定を引用して「研修の努力義務」を述べています（11〜12頁）。大事なことはこの義務が「児童生徒」に対するそれであることを忘れないことです。また、義務であるだけではなく、第4回国会における辻田力調査局長の「教育公務員がその職責を遂行するためには、当然研究と修養に努めなければならないのでありますが、それは単に教育に従事しておる者の義務としてのみでなく、権利としても研修をなし得るような機会を持たなければなりませんので[4]」という答弁からもその権利性を否定することはできません。なお、研修の権利性と義務性の関係については、その後の学説の発展を踏まえて、私は次の引用のように、「義務性を濃厚に帯びた権利」であると考えています。

直接には教特法第20条によって教員には研修権が法認されていると解されるが、同法第19条1項〈教育公務員の研修義務〉および憲法26条〈教育を受ける権利〉との整合的解釈によって、それは義務性をかなり濃厚に帯びた権利だとみるのが妥当である。いうなれば、教員の研修権は、親の教育権にも似て、子どもの学習権・人格の自由な発達に向けられた「承役的権利」……ないしは「他者の利益をはかる権利」……として、優れて「義務に拘束された権利」……だと規定できよう。主要には、権利性は任命権者を名宛人とし、義務性は子どもに向けられているといえる。[5]

## 「研修」行為の主体について

### （1）研修は「行う」もの

「まとめ」が明記しているように、「研修はそもそも「研究と修養」を意味する用語であり」（19頁）ますから、「研究を受ける」や「修養を受ける」という言葉がないように、「研修を受ける」という言葉も適切ではありません。「研修は行う」ものであり、その主語は教師です。「研修を受ける」とよく言われますが、実は、教師が「受ける」（与えられる）のは「研修」ではなくて「研修の機会」「研修を行う機会」です。次は、教特法第20（現22）条1～3項の英訳文です。とくに、第1項に注目してください。

【The Law for the Special Regulations concerning Educational Public Service】

（Opportunities for Study and Self-improvement）

Article 20. Educational public service personnel shall be given opportunities for study and self-improvement.

2. Teachers may leave their place of service for their study and self-improvement with the approval of the chiefs of their appropriate administrative agencies provided that it shall not impede their class-work.

3. Educational public service personnel may be allowed to make study and self-improvement extending over a long period of time retaining their current positions in accordance with the provision ordained by competent authorities.[6]

### （2）「受講」、「受ける」研修の頻出

「まとめ」では、教師を「高度な専門職」と位置づけ、「主体的」の文言があふれています。ところが、一方では、「受講」という表現が随所に見られます。教師の研修は「受講」でよいのでしょうか。研修行為の主体は、教育委員会や教職員支援機構、あるいは大学なのでしょうか。そうではなく、それらは教師に「研修機会」（23頁）を提供するのであり、研修会の「主催者」ではあるが、「研修を行う」主体は教師自身です。「研修会の開催主体」と「研修行為の主体」とを区別する必要があります。「受講」を基本とする制度構想は、教員の自主性・主体性・自律性・多様性を尊重するうえで大きな制約となっています。

## 「研修受講履歴管理システム」について

### （1）専門職教師の自律的学びの駆動力になるのか

#### ①荒瀬委員への共感

私は、9月27日の特別部会・小委員会合同会議（以下、合同会議）の議事録を読んで、荒瀬克己委員（教職員支援機構理事長）の次の発言に心から共感しました。

> きょうも「研修」という言葉をたくさんの方がお使いになっていらっしゃるんですけれども、これが何か教職員を縛るようなものであるというイメージが巷間流布していたりとか、あるいは新たな手かせ足かせ首かせみたいな義務みたいな感じになっている面もあるかと思うんです。そうではなくて、研修が、教職員自身が学んでいくことによって、それこそ仕事を楽しく、誇りを持ってやっていけるようにしていくための大事な学びであるというふうなそういったものになっていく必要があります。

まったく同感です。ただ、そのためには、「研修受講履歴の記録管理、履歴を活用した受講の義務づけ」（18～21頁）を組み込んだ研修制度（25～26頁）との衝突が不可避であると思います。

**② 「目標に向かっての体系的・計画的な教師の学び」観の無理**

「教師の学びは、具体的目標に向かって、体系的・計画的に行われることが必要である」（14頁）を出発点とすると、「単調右肩上がり積み上げ型」（山﨑準二学習院大学教授）の「教員育成指標」に拘束され、個々の教師の内発的課題意識からの目標ではなく、外在的・他律的でかつ一般的に設けられた目標に従い、用意された研修内容から「必要な学びを順次選び取る（体系的・計画的な学び）」（14頁）ことにならざるを得ません。それが「自律的な学びの駆動力となる」（14、18頁）とはどうしても思えません。それどころか、「必ずしも主体性を有しない教師に対する対応」（20頁）を考えねばならなくなり、命令や統制むき出しの制度と化す恐れがあります。

**③ 「奨励される研修会・研修内容」の「適切性」「妥当性」**

注意すべきは、ここで問題とされている「研修」は「任命権者や服務監督権者・学校管理職等の期待する水準の研修」であって、当該教師がその教育観や子ども観、教育実践上で直面した課題などから、自らの力量形成のために必要・有用と考える「研修」とは必ずしも一致しないことです。講座や研修会の「質保証」を重視する課題意識は理解できますが、専門職教師が行う研修の「質」を公正に客観的に評価することは不可能であり、それを無理にやると多様な研修理念との矛盾を引き起こすことになるのではないでしょうか。さらに、地域や学校において、中教審や文科省の意図を越えて管理的・統制的な事態やトラブルが発生することも危惧されます。

## （2）人事管理、教員評価、研修統制の道具にならないのか

もう一つ、大事なことは、いかなる研修でもそのことを理由として人事や給与等の待遇において不利益を生じないことを明確にすることです。そうでなければ、「対話」や「奨励」とは言っても、実際には教育委員会や管

理職等の意に沿う研修をやらねばという圧迫感、義務感、追従や忖度がはびこる制度になってしまいます。

12月合同会議における「資料2－2」では、「受講奨励の方法・時期」は「例えば、人事評価の期首面談・期末面談の場を活用するなど各学校等に適した様々な機会を活用」と記述しています。これについては、2016年11月の第192回国会衆議院文部科学委員会および参議院文教科学委員会における教特法改正案可決の際の、附帯決議「二　……また、同指標は、教員の人事評価と趣旨・目的が異なるものであることを周知すること」[7]がはたして考慮されたのか疑問であり、極めて憂慮されます。この点は、12月合同会議の際に、基本問題小委員会の橋本幸三専門委員（京都府教育委員会教育長・当時）が、「この資料2－2を見ていますと、どうしても、校長による教員に対する管理強化の仕組みと見えてしまいます」、さらに、「決して命令あるいはハラスメントとして受け取られるようなことのないよう、十分留意を促しておく必要があるかと思います」、「教科の専門性の高い高校などの場合、領域あるいは一般的な指導は別として、教科等に関する研修について、適切な受講奨励を校長が行うということは非常に難しい。的外れな指導助言を行いますと、教員との信頼関係を損なう要因ともなります」などの危惧を表明しています。橋本委員の危惧は、高校に限らず、すべての学校種に程度の差はありながら該当するものです。また、管理システムについては、記録の範囲についても懸念が表明されました。橋本委員や荒瀬委員、貞廣斎子委員（千葉大学教育学部教授）から、「研修履歴では、最低限のところだけを振り返る」というように、抑制的な意見が出されていました。

## （3）管理システムを導入することになる場合

なお、結果的に、管理システムを導入することになる場合、「受講履歴の記録の範囲、内容、方法、時期」についてでは具体的にどうすることがもっとも「被害」を少なくできるのでしょうか。

私は、民間教育研究団体や学会等への参加・発表なども含めて多様な研修を公認すべきだと考えるので、その立場からは「受講履歴の記録の範囲」①②③[8]のすべてについて記録することが本来は望ましく思います。

しかし、それは、研修統制システムとして働くことになる恐れが大きいので、それを防ぐためには、意義がある研修機会は他にもたくさんあることを前提として、記録する研修履歴は①についてのみとすることが賢明でしょう。「記録の内容」についても「教員育成指標との関係」を過度に追求すると個々の教員の成長の実態との齟齬・矛盾を拡大し、けれども記録せねばならないので、結局は形式化と教員および学校管理職の負担増大を招くことになると思います。「振り返りや気づきの内容」もあわせて、極力簡潔にすることが望ましいと思います。

## 「勤務時間内校外自主研修」（教特法第22条2項）の活性化について

### （1）第22条2項が果たしてきた役割――自主的・主体的研修の奨励・支援

「まとめ」では、「勤務時間内校外自主研修」の法的根拠である第22（旧20）条2項[9]については全然言及されていません。この条項こそ、戦後公立学校教員（2003年改正までは大学教員を含む国立学校教員も）の自主的・主体的研修活動を支えてきた法的根拠です。

同項に基づく自主研修を児童生徒の学習権（ユネスコ「学習権宣言」1985年）保障の観点から、いかに活性化させていくのかについての検討が特別部会に求められています。まずは、最も「授業に支障がない」長期休業中を中心に、教員の自主的・主体的研修機会をできるだけ保障するという立法趣旨にのっとり、同項適用による自主研修活性化を検討してほしいと思います。

### （2）中教審（および教養審）における第22条2項（「勤務時間内校外自主研修」）の検討欠落

「学び続ける教員像」を打ち出した2012年8月の中教審答申「教職生活の全体を通じた教員の資質能力の

総合的な向上方策について」（以下、２０１２年答申）においても、次のように「②校内研修や自主研修の活性化」の部分で「自発的な研修」機能が弱まりつつあるとの問題意識が表明されていました。[10]

○教員は、日々の教育実践や授業研究等の校内研修、近隣の学校との合同研修会、民間教育研究団体の研究会への参加、自発的な研修によって、学び合い、高め合いながら実践力を身に付けていく。しかしながら近年では学校の小規模化や年齢構成の変化などによってこうした機能が弱まりつつあるとの指摘もある。教育委員会においては、こうした校内研修等を活性化するための取組を推進するとともに、組織的かつ効果的な指導主事による学校訪問の在り方の研究など、学校現場の指導の継続的な改善を支える指導行政の在り方を検討していくことが求められる。（23頁）

これに対して、私は、「『学び続ける教員像』への期待と危惧—自主的・主体的研修活性化のための必須課題[11]—」において、本学会が提出した意見書を紹介して、「筆者はこの箇所を読んで、『学び続ける教員像』を掲げる答申の理念との隔絶を感じざるを得なかった。これでは、自主的研修の衰退要因が『学校の小規模化や年齢構成の変化』とのみ把握されていると読み取らざるを得ず、それは、戦後教員研修制度に関する筆者等の研究蓄積や全国の学校現場で教員が苦闘してきたことに照らして、強い違和感を抱かせるものであった」と述べ、「審議のまとめ」に対して、本学会が山﨑準二会長名で提出した次の意見書を紹介しました。

教員管理の点で上記のような自発的自主的な研究会・研修会への参加が公的に認められなくなってきていることが大きいといえる。多様で創造的な教育実践を生み出していくことのできる資質能力の育成を図るためには、その自己研鑽の機会も教育行政によって公認されたものだけに限定することなく多様に認められ保障されなくてはならないと考える。特に教員を高度専門職業人として位置付けようとする貴審議会の考えは今日求められる教員のあり方として大変重要であると考えるが、そのためには……専門職にふさわしい責任に基づく自律性が認められるべきである。この点でのさらに踏み込んだ提起が求められる。

自主的・主体的・自律的で多様な研修を重要視する特別部会であれば、この半世紀以上にわたる教員研修政策を総括して、何がそれを阻害してきたのか把握することを期待したいと思います。

２０１２年答申に続く２０１５年12月の中教審答申「これからの学校教育を担う教員の資質能力の向上について」でも「自律的、主体的に行う研修に対する支援……が必要」等と述べながら、第22条2項活性化の課題は検討されませんでした。直近の二つの中教審答申について述べましたが、「勤務時間内校外自主研修」（旧第20条2項）に対する政策的冷遇はより長期にわたります。それは後述する１９６４年12月の「研修3分類説」登場以降であり、とくに、１９７０年代後半以降顕著であると言えるでしょう。

### （3）自主的・主体的研修活動の活性化のために——特別部会と教育行政機関・教員団体等への期待

研修条項の立法趣旨が、教員の自主的・主体的研修活動（研修機会を与えられる場合も含めて）を支援するためであることは自明のことです。第22条2項の研修を「職務」とするか「職専免」（職務専念義務免除）とするか、権利性を認めるか否かの見解の違いはあっても、この立法趣旨については広く合意できるものです。同項を円滑に運用するために何が必要なのか、これまで何が足りなかったのか（教員・教員団体側にも）を検討し改善する努力が、求められています。それは、決して特別部会にだけではなく、教育行政担当者・学校管理職と教員および教員団体、あるいは教師教育・教育法学に関わる学会にも求められている課題です。

**【第22条2項等の研修条項に関する具体的検討事項（案）】**

（ア）立法趣旨の確認――自主的・主体的研修の奨励・支援による「教育を受ける権利」（学習権）保障。

（イ）「授業に支障」――「授業そのものへの支障」だけでなくその他の教育活動や校務との関係性への配慮。

（ウ）「支障のない限り」の読み方――「支障がなければ、本属長（校園長）は、勤務時間内校外自主研修を承認しなければならない」（羈束行為説：教育法学の通説）のか、「支障がない場合に限って、本属長（校園長）は、勤務時間内校外自主研修を承認できる」（反面解釈的羈束裁量権説）のか。

（エ）「支障の有無」の判断主体。

（オ）研修計画書や報告書の在り方。

（カ）「修養」行為に対する支援。

（キ）研修成果をどう還元するのか――授業等の教育活動を通しておのずと還元されるという「予定調和論」からの脱却。原理的・探究的課題での研修の場合には、必ずしも成果がすぐに見えるものではない。それゆえに、保護者、児童生徒に対して毎年度の各教員の研究テーマの公表と報告会の開催などの検討が必要。

教特法研修条項の歴史を、その解釈・運用をめぐる対立の事実も含めて共有したうえで、21世紀の現代にふさわしい自主的・主体的・自律的で多様な研修制度を構築するための検討・改善の共同作業が必要です。

**【研修条項・研修関係規定については、次のような課題も存在】**

「まとめ」は、「本部会としては、……今後も……教師の養成・採用・研修等の在り方について、既存の在り方にとらわれることなく、審議を深めていく」（37頁）と述べています。そうであるならば、次の（ア）～（カ）の事柄も視野に入れていただきたいと思います。なお、前述の「具体的検討事項（案）」も含めて詳しくは、拙著『教員自主研修法制の展開と改革への展望』（風間書房、２０１７年）「終章」をご参照ください。

（ア）教特法制定時にその必要性が国会審議のなかで辻田力調査局長により明言されながら、その後一貫して研修費支給規定が欠如したまま放置されている問題。

（イ）第22条3項の長期研修規定および第26〜28条の大学院修学休業制度を、「一定勤務年数での長期研修機会付与制度」等の導入により、希望するすべての教員が活用できる制度に発展させること。

（ウ）「研修を受ける」（第22条1・3項）と「研修を行う」（同条2項）に関する条文上の混乱の是正。

（エ）第22条2項の「授業に支障のない限り」のままでよいのか。

久保の提案――「授業その他の教育活動ならびに校務に支障のない限り」に改正。

（オ）事務職員を「教育公務員」とする課題。

（カ）教特法の規定が国立・私立学校教員の研修条件の底支えとなるような措置。

## （4）第22（旧20）条2項に関する行政解釈と運用上の画期をなす法令・通達等

第22条2項に関する行政解釈と運用上の画期をなす（可能性も含めて）法令・通達等を概観しておきます。

①1949年1月12日：教特法公布・施行――第20（現22）条2項の勤務場所を離れて行う研修は、「これらの場合には、もとより勤務扱いとなるが」と記述されているように、当然のこととして「勤務扱い」（職務）とされていました[12]。

②1964年12月18日：研修3分類説「大分県教育長あて文部省初中局長回答」――教師の研修には3種類ある。それは、ア．勤務時間外に自主的に行う研修、イ．職務専念義務（地公法第35条）を免除されて行う研修（職専免研修）、ウ．職務命令による研修、である。教特法第20（現22）条2項に規定する研修は「イ」の「職専免研修」であるとされました。以後、現在まで行政解釈として継承されています。

③1971年7月9日：文部事務次官通達「国立及び公立の義務教育諸学校等の教育職員の給与等に関する特別措置法の施行について」――給特法公布（1971年5月。1972年1月施行）に伴い、同法制定の根拠とさ

れた「勤務態様の特殊性」に合わせて、「いわゆる夏休み等の学校休業期間については教育公務員特例法（昭和24年法律第1号）第19条（研修）および第20条（研修の機会）の規定の趣旨に沿った活用を図るように留意すること」と述べました。

④2002年7月4日：初等中等教育企画課長通知「夏季休業期間等における公立学校の教育職員の勤務管理について」――完全学校5日制が実施された年度の夏季休業直前に発出されました。それまでも、行政研修の増大、研修統制や多忙化により「勤務時間内校外自主研修」は衰退しつつありましたが、長期休業中における職専免研修が極端に減少する契機となりました。授業や校務分掌との直接的関係性が重視され、担当教科や生徒指導、特別支援教育等に関するもの以外の原理的・探究的で幅広い研修課題については承認されない傾向が一段と強まり（通知の「2－(2)」の影響大）、計画・報告書の記述量増大とも合わせて、申請に伴う煩雑さ（管理職とのやりとりも）を教師が忌避して、研修申請自体が大きく減少しました（勤務環境の過酷さが背景にあるとしても、やはり教師側の深刻な弱点だと思います）。通知に記述されている「夏季休業期間終了後の取組状況調査予告」が学校管理職等に強い影響を与えたと思われます。[13] この通知以降、第22条2項の「死文化」が進行しました。

2　教育公務員特例法（昭和24年法律第1号）第20条第2項に基づく研修（以下「職専免研修」という。）について、以下の点に留意しつつ、その適正な運用に努めること。

（1）職専免研修は、職務に専念する義務の特例として設けられているものであるが、当然のことながら、教員に「権利」を付与するものではなく、職専免研修を承認するか否かは、所属長たる校長が、その権限と責任において、適切に判断して行うものであること。

（2）職専免研修の承認を行うに当たっては、当然のことながら、自宅での休養や自己の用務等の研修の実態を伴わないものはもとより、職務と全く関係のないようなものや職務への反映が認められないもの等、その内容・実施態様からして不適当と考えられるものについて承認を与えることは適当ではないこと。

（3）また、職専免研修を特に自宅で行う場合には、保護者や地域住民の誤解を招くことのないよう、研修内容の把握・確認を徹底することはもとより、自宅で研修を行う必要性の有無等について適正に判断すること。

（4）このため、事前の研修計画書及び研修後の報告書の提出等により研修内容の把握・確認の徹底に努めること。なお、計画書や報告書の様式等については、保護者や地域住民等の理解を十分得られるものとなるよう努めること。

（5）なお、職専免研修について、「自宅研修」との名称を用いている場合には、職専免研修が、あたかも自宅で行うことを通例や原則とするか如き誤解が生じないよう、その名称を「承認研修」等に見直すことも考えられること。

⑤2019年6月28日：初等中等教育局長事務代理通知「学校における働き方改革の推進に向けた夏季等の長期休業期間における学校の業務の適正化等について」——「働き方改革の推進」政策に伴う中教審答申「新しい時代の教育に向けた持続可能な学校指導・運営体制の構築のための学校における働き方改革に関する総合的な方策について」（2019年1月25日）を受けての文部科学事務次官通知「学校における働き方改革に関する取組の徹底について」（2019年3月18日）に続いて、変形労働時間制導入準備とも関連して、長期休業期間中の法定・行政研修の簡素化を命じました。研修報告書等についても過度な負担とならぬよう簡素化を図ることを命じています。これらの点は前記④の通知（2002年7月4日付）とは異なります。④の通知は廃止されましたが、「第22条2項」にかかわる部分はこの通知の中にほぼそのまま継承されています。長期休業期間中の「勤務時間内校外自主研修」を奨励する趣旨は見られません。

## 「研修環境の整備」について

「研修環境整備」の最大の課題は、長時間過密労働の抜本的改善であり、まずは、正規の勤務時間内に授業計画・準備・評価および研修の時間を確保することです。そのための根本的方策を講じる中心的責務は、政府・文科省にありますが、「まとめ」には、国の責務についての記述はなぜか乏しいのです。曖昧な記述で済ませるのではなく、条件整備の必要性をもっと強調すべきです。「環境改善（教職員定数の飛躍的増大、長時間過密労働の抜本的改善）なくしては新たな研修制度なし」と明記する必要があります。

## おわりに

これまで述べてきたように、教員研修政策をめぐる長年の歴史を背景にしていることにより、「まとめ」およびその後の特別部会での審議には、次の点について改善すべき課題があると思われます。それは、第一に、「高度な専門職」にふさわしい「研修（研究と修養）の自由」を保障すること（教師の学びを教育政策の枠内に閉じ込めないこと）です。第二に、研修行為の主体が教師自身であること（研修は行うもの）を確立することです。第三に、「教師の学びは、具体的目標に向かって、体系的・計画的に行われることが必要である」とするために、「単調右肩上がり積み上げ型[14]」の「教員育成指標」に拘束され、外在的・他律的かつ一般的目標に従って、用意された研修内容から必要な学びを順次選び取ることにならざるを得ません。しかも、それを「研修受講履歴管理システム」を軸に進めることにより、「教師の学び」を現状よりもさらに「受け身」「義務的」で管理・統制的なものとする恐れが大きいことです。第四に、「新たな教師の学びの姿」を求めるのであれば、教特法第22条2項を法的根拠とする自主的・主体的研修を奨励・支援するための具体的方策（そのために何が必要なのか、これまで何が足りなかったのか）を検討課題とすることが必要です（研修政策を歴史的に振り返り改善していく取組み。積年の課題です）。このままでは、教特法第22条2項がまったくの死文となってしまいます（教師の奮起も期待したい）。第五として、長時間過密労働の是正が喫緊の課題である今日において、授業計画・準備・評価や研修時間を所定労働時間の中で確保するために、教職員定数の抜本的改善（少人数学級推進と「学級数に乗ずる数」の大幅増大など）による研修条件整備が必須です。それを曖昧にしたままで、負担をさらに重くしかねない制度を作ることはできません。さらに、教職の魅力を増大させ教職志願者を増やそうとしているにもかかわらず、「研修受講履歴管理システム」を軸とした研修制度はその願いに逆行する恐れが大です。

最後に、第六として、教員免許状更新制度を廃止しても、この半世紀にわたり、初任者研修や中堅教諭等資質向上研修をはじめ、網の目のように張り巡らされてきた既存の研修制度（法定研修・行政研修）は揺らぐことなく存在しています。文科省や教育委員会が必要と考える研修会の開催は可能なのです。「新たな教師の学びの姿」を支える制度の創設を急ぐことはありません。「新たな教師の学びの姿」を支える研修制度については「拙速」を避けたい。時間をかけて歴史的・原理的・総合的観点から検討したうえでの制度構築が大切です。そのためには、教育学関連学会や教員および教員団体、民間教育研究団体等からの意見聴取なども含めて、戦後の教員研修政策を総括することにより、新しい教師の学びの姿を支える制度を創り出すことを心から願っています。

注

（1）推測であるが、「まとめ」で述べる「民間」「民間団体」とは、主に「民間事業者」を指すようである。

（2）「教員身分法案要綱案」（「1946・12・26」案）『辻田力文書』（国立教育政策研究所所蔵）所収。

（3）田中孝彦「臨床教育学の構想」田中ら『創造現場の臨床教育学』明石書店、2008年、331頁。

（4）「第4回国会衆議院文部委員会議録」第2号、4頁、1948年12月9日。同旨は、「第4回国会参議院文部委員会会議録」第1号、2頁、1948年12月9日。

（5）結城忠「第9章　教員研修をめぐる法律問題」牧昌見編『教員研修の総合的研究』ぎょうせい、1982年、303～304頁。

（6）昭和59年度文部省移管公文書『教育公務員特例法』第3冊（国立公文書館所蔵）所収。

（7）「第192回国会衆議院文部科学委員会議録」第5号、11頁、2016年11月2日。「第192回国会参議院文教科学委員会会議録」第4号、23頁、2016年11月17日。

（8）①任命権者実施研修・講習（法定研修や教育委員会が開設する免許法認定講習等）、大学院修学休業は必須、②職務研修や職専免研修など職務内容に関する研修は可能な限り記録、③任命権者の判断によって、①②以外の研修も含めた多様な学びを記録することも可能。

（9）「教員は、授業に支障のない限り、本属長の承認を受けて、勤務場所を離れて研修を行うことができる」。

（10）今振り返ると、この答申では「民間教育研究団体」と明確に記述していたのだなあ、と感慨深い。

（11）『日本教師教育学会年報』第22号、2013年9月、40～49頁。

（12）岩手県教育委員会教育長あて文部省初等中等教育局長回答「教員の夏季休業日における服務について」『教育委員会月報』第162号（1964年2月号）73頁、文部省初等中等教育局地方課編『解説教育関係行政実例集』学陽書房、1962年、250頁。

（13）「調査・統計　夏季休業期間における公立学校の教育職員の勤務管理等の取組状況について」『教育委員会月報』2002年12月号、90～103頁。

（14）山﨑準二・矢野博之編著『新・教職入門（改訂版）』学文社、2020年、156～157頁。

# 第4章

# 機関包括型（whole-institution approach）の教師教育改革を考える

## ――令和の日本型の学校教育を創る教師教育へ

梅澤 収

「機関包括型の教師教育改革を考える～令和の日本型の学校教育を創る教師教育へ」というテーマで、「令和の日本型学校教育の改革」を教師が主体的に創っていくにはどうしたらいいのか、研究の成果をもとに報告します。なお、学習会の報告後の状況等やその後の検討もふまえて加筆しています。

## はじめに　報告の背景

本学会の学習会での報告の前に、学会のアンケートに対して次のような意見を述べました。

中央教育審議会は「令和の日本型学校教育」を担う教師の在り方特別部会を置き、中間報告（審議まとめ）を2021年11月に出しました。審議まとめの要点は、学校と教師の役割の変化を指摘し、それを教師の資質・能力向上とNITS（独立行政法人・教職員支援機構）の整備充実、そして管理職の監督権限強化で行うものとなっており、システム思考で全体をリデザインする視点がありません。そのために、学校と教師の構造的なシステム改革という転換期の視点がないために、教師に過重な責任を押し付けることに帰結しています。学校・教師のシステム構造改革に重大な責任を負う政策・行政のあり方・役割や学校管理職の役割（リーダーシップ）の重要性（責任）にも焦点が当たっていません。これでは、親・地域住民やＮＰＯ等との多様なステークホルダーの連携・協働も引き出すこともできません。（私たちの）プロジェクトが取組んでいるのは、審議まとめのような考え方を越えて本格的にシステム転換を視野に入れた政策提案を行うとともに、教師の内発的実践力を引き出し、学校制度（システム）を質的転換する枠組み（システム思考）を理論的実践的に探究することです（筆者注：なお、２０２２年最終答申も基本的に内容の変更はありません）。

筆者は、国立大学の教育学部に１９９０年着任し、２０２２年3月で区切り（定年退職）を付けましたが、その間に国立大学教育学部の諸改革や改編・改定に取り組みました。とりわけ、２００９年の教員免許状更新講習や２０１２年の共同大学院博士課程（共同教科開発学専攻、博士課程後期3年間を愛知教育大学と共同設置）、そして２０１３年の国立大学のミッションの再定義（教員養成分野）に取り組んで来ました。その後、２０１６年度からは「ＥＳＤ・国際化ふじのくにコンソーシアム」プロジェクト（3年間）、２０２０年度から「ＥＳＤ実践の基盤となる公立学校の組織・カリキュラムのモデル開発」（ＳＤＧｓプロジェクト1）に取り組みました。静岡大学教育学部は２０１３年を「ＥＳＤ・国際化元年」と位置づけて取組みを開始し、コンソーシアム事業において教師教育の国際交流研究集会を実施し、２０２０年度からは、「モデル開発（金型づくり）事業」として、大学と自治体が連携・協働した改革枠組みの構築に取り組んでいます。その基本コンセプトは次のようです。

【目的】ＳＤＧｓ未来都市・南砺市（富山県）及び川根本町（静岡県）のホリスティックな学校改革を支援し

ながら、モデル開発の研究成果を全国に発信すること。2年次には、二つの参加自治体に加えて、帰還困難地の教育創造に取組んでいる大熊町（福島県会津若松市）の参加。

【特色】「教師が内発的・創造的に実践・活動を行い、その成果を学校改革とシステム転換に繋げる」という理論枠組みのもと、若手教育研究者（8名から9名へ）を結集した組織「ESDほりぷ」[1]を立ち上げ、事業自体と各自治体の教育改革支援の全体像の可視化のために、社会的インパクト評価手法であるロジック・モデル（LM）を作成し、活動を行うこと。

国立大学の歴史に位置づけながら、ESD／SDGsをこんにちの学校教育にどう組み込んでいくのかを探究することによって、新しい学校の在り方、あるいは教師の在り方、そして大学教育や教師教育の在り方をトータルに捉えて実践研究していく枠組みが見えてきました（2023年3月に最終報告書を刊行）。

モデル開発を企図した背景は、文部科学省（以下、文科省）の政策の枠内、それから都道府県の行政研修の枠内を前提（基準）に「改革」が進んできましたが、その枠内で改革を推進しようとしても、新しい学校づくりやカリキュラム・授業のモデルを創ることはできないのではないか、この状況を学校現場で打開するにはどうしたらよいかを考えてきました。そして、ESD／SDGsの研究・実践の探求からこの課題に迫ることができるようになりました。日本国内では、いまやSDGsブームです。しかし、社会や学校でどのように創り、移行していくかを深堀する必要があります。教員や子どもにとって「SDGsは大切だ」「授業で扱って大事だなと思った」という段階にとどまることなく、「SDGsを実現する社会とか学校をどう創っていくか?」という観点を基軸に据えたときに、「機関包括型のアプローチ」の重要性が見えてきました。

## 高等教育と教師教育の歴史的概観（国立大学を中心にして）

本テーマの「機関包括型（アプローチ）」とは、「whole institution approach」（学校は whole school approach）の日本訳ですが、この観点を基軸にした理由を、国立大学中心ですが、高等教育・教師教育の歴史的な概観をしつつ考えてみます。

１９４９年の新制国立大学の発足に伴い、教員養成系大学・学部は、学芸大学・学部または教育学部（静岡大学はその一つ）で出発し、教員需要増加等で学生定員増となり、その後の急減期に新課程（ゼロ免：教員養成を主目的としない課程）等の設置・廃止等が行われてきました。また、国立大学の教員養成系大学・学部には修士課程が設置され、その後、専門職学位＝教職修士（専門職）の課程として教職大学院が２００８年度から設置となり、現在では後者にほぼ一元化されています。また、教員免許更新制度と更新講習の制度が、２００９年度に導入され、２０２２年７月には廃止されました。

静岡大学も以上の動向を受けて組織改革を行う一方で、「教員養成・研修の高度化」の改革課題（アジェンダ）に２０１０年頃から取り組んできました。その足跡を**表1**にまとめましたが、当時取り組みながら「高度化とは何なのか?」「養成と研修を一体的に考えることにどんな意味と効果があるのか?」に疑問を持ちながらも、改革に取り組んできました。「何のために」そして、「どこに向かうのか」を問うことは、大学改革や教師教育改革の在り方や基本的な方向性を考えることになるのですが、改革担当者としては、文科省の政策の方向性を参考にして当面の改革課題に取り組むだけで精一杯でした。その後、大学改革や教師教育改革の在り方とその基本的な方向性を問い続ける中で、ＥＳＤ／ＳＤＧｓに出会い、先の二つのプロジェクト事業を経験することで、「機関包括型アプローチでＥＳＤによる再方向付けをしていくことで、この課題に迫ることができる」と考えています。

### 表1　高等教育の歴史と国立大学（法人）静岡大学

・1949年6月 新制国立大学発足　新制静岡大学（文理学部・教育学部・工学部）
・1964年 教育学部課程制へ（小・中・養護）
・1965年 人文学部と理学部に（文理学部改組）　教養部設置
・1976年 教育学部に幼稚園教員養成課程定員510名
・1981年 教育学部に修士課程設置
・1989年 教育学部に総合教育課程設置（定員120名）
・1990年 教育実践指導センター設置→1998年教育実践総合センターへ
・1995年 情報学部の設置　教育学部80名減　教養部廃止
・1998年 教育学部改組（400名）　養成260名　教育実践学専修　新3課程140名
・2001年11月「国立の教員養成系大学・学部の在り方に関する懇談会（在り方懇）」報告
・2004年4月 国立大学法人化 第1期04-09 第2期10-15 第3期16-21 第4期22-27
・2006年 教育基本法改定
・2009年 教育学部養成300名，新3課程100名　教職大学院設置併設
・2012年 愛知教育大学と共同博士課程設置
・2013年11月 国立大学のミッションの再定義（教員養成分野）＊教職支援室（'13），学習科学研究教育センター（'13），教員養成・研修高度化推進センター（'14），静岡大学教職センター（全学組織,'15），教科学研究開発センター（'16）を設置。
・2016年 初等学習開発学・養護教育の2専攻設置，新課程発展的整理（定員100減），地域創造学環（50名）創設
・2018年11月「2040年に向けた高等教育のグランドデザイン（答申）」
　12月 内閣府「SDGs アクションプラン2019」
　12月 文科省「未来検討タスクフォース報告」
・2019年1月 国立大学1法人複数大学制度（報告）→5月法案可決成立　6月「国立大学改革方針」
　2月 高等教育・研究改革イニシアティブ（柴山イニシアティブ）
　12月 国連総会「ESD for 2030（SDGs）」採択
・2020年 新教育学研究科（教職大学院に一本化）　静岡大学未来社会デザイン機構・サステナビリティセンター
・2021年1月「令和の日本型学校教育」の構築を目指して（中教審答申）
　2月「同教師の人材確保・質向上プラン」公表
　3月「同教師の養成・採用・研修等の在り方」（諮問）→11月審議まとめ（更新制問題）→2022年10月中間まとめ，12月答申（基本問題）
　5月 文科省・環境省「第2期 ESD 国内実施計画」
　11月 教員養成フラグシップ大学（15大学14件申請）
・2022年3月 東京学芸大・福井大・大阪教育大・兵庫教育大選定
・2022年 教員免許更新制・更新講習廃止（7月1日より），12月生徒指導提要改訂
・2023年4月 静岡大学グローバル共創科学部設置　教育学部定員260名（40名減）へ
　4月 こども家庭庁発足，こども基本法施行
　5月 質の高い教師の確保のための環境整備に関する総合的な方策（諮問）

【今後の課題】 ESD/SDGs の視点で Wole-institution Approach による「再方向づけ（re・orientation）」に取組むこと。／政策・機関包括・教育者・若者・コミュニティの総合的枠組み構築による「大学の質的改革」を行うこと。

出典：筆者作成（2023年5月25日現在）。

## 政策のメインストリーミング（主流化）の課題

文科省の政策を見ていくと、高等教育については、「２０４０年に向けた高等教育のグランドデザイン」（２０１８年答申）が出され、「これからの時代の地域における大学の在り方について」（２０２１年12月審議まとめ）等が出されています。教師教育についても「令和の日本型学校教育改革」（２０２１年１月答申）を受けて、いわゆる、「教師の在り方特別部会」が２０２１年11月審議まとめを出しています（２０２２年12月答申）。

ところで、２０１７年３月（高校版等は２０１８年３月）に告示された小学校・中学校の学習指導要領の前文・総則等に、「持続可能な社会の創り手」の考え方が盛り込まれました。そこで学校改革答申と教師教育の在り方の審議のまとめにもこの考え方が反映されているかを期待をもって見ました。しかし、２０２１年答申には４カ所出てきますが、教師教育改革の審議まとめにはまったく出ていません。もともと指導要領の前文等の記載も「パブリックコメント」を受けて加筆されたという事情もあって、この理念で政策自体を再構成していく観点がありません。ですから、教師教育改革でも、教員免許更新制度と免許状更新講習を廃止することが先で、その後検討された「基本問題部会」の「基本的な方向性」には出ていません。

ユネスコでは、ＥＳＤを政策のメインストリーム化（“mainstreaming”：主流化）することが「優先行動分野（五つ）」の一つになっていますが、文科省はこの課題に責任を持って現段階では対応していないということです。ですから、「審議まとめ」の考え方では、教育現場は活性化しないし、学校教育の質的な変容（改革）も実現できないと考えます。そこで、機関包括型アプローチでそれを可能にする枠組みを理論的かつ実践的に取り組むことを提案したいと思います。

ところで文科省は、令和の教師改革を推進するにあたり、「養成・採用・研修の一体的改革」つまり教師教育の高度化の全体像を示し、教員養成改革を牽引するモデルとなる「教員養成フラグシップ大学」を２０２２年３月に選定しました。２０２１年11月に15大学14プログラム（２０２２年度４月から金沢大学と富山大学が共同教育学部を設置）の応募がありましたが、管見の限りESD・SDGsの主流化（優先行動分野）の観点を入れたプログラムはありませんでした。同時に、フラグシップの枠組み（設計〈デザイン〉）や規準・選考等の「つくり方」にも疑問が残りました。国立教員養成系大学・学部の学長や副学長等が中心になって、その企画（デザイン）を行い、それらの大学からも申請書が出されましたが、これがどうやって採択されていくのかを注視していました。[2]このような文科省の政策の決定プロセスは、客観性や透明性・公平性の観点からは不信感を与えるものと言わざるを得ません。

## 機関包括型アプローチとは

改めて「機関包括型アプローチ」を考えてみます。一番わかりやすいのは、ユネスコ（2014年）の文書（**図1**）です。ユネスコ（国際連合教育科学文化機関）は、憲章において「戦争は人の心の中で生れるものであるから、人の心の中に平和のとりで（砦）を築かなければならない。……世界の諸人民の教育、科学及び文化上の関係を通じて、国際連合の設立の目的であり、且つその憲章が宣言している国際平和と人類の共通の福祉という目的を促進するため」に創設されました。歴史的には、生涯教育（学習）の提唱（ラングラン、フォール、ジェルピ）の考え方や学習権宣言（1985年）、そして近年では教育再考（2015年）の報告書をまとめています。平和・人権・民主主義等の普遍的価値を基礎に、「生きることは学ぶこと」＝学習権をメインに据えて、その実現のためには教育の大切さと同時に、「教育の問い直し（rethinking）」を提唱しています。「持続可能な開発のための教育」（ESD）は、そのコロラリーとして、グローバル時代の国際社会・各国（当事国）が取り組むべき人類共通の重要課題であると位置づけて、その全体構図を提示しています。**図1**のように、「カリキュラム・教育と学習」が軸になりますが、「機関・学校の運営」（学校をどう組織・マネジメントしていくか）、「コミュニティ：関係性（パー

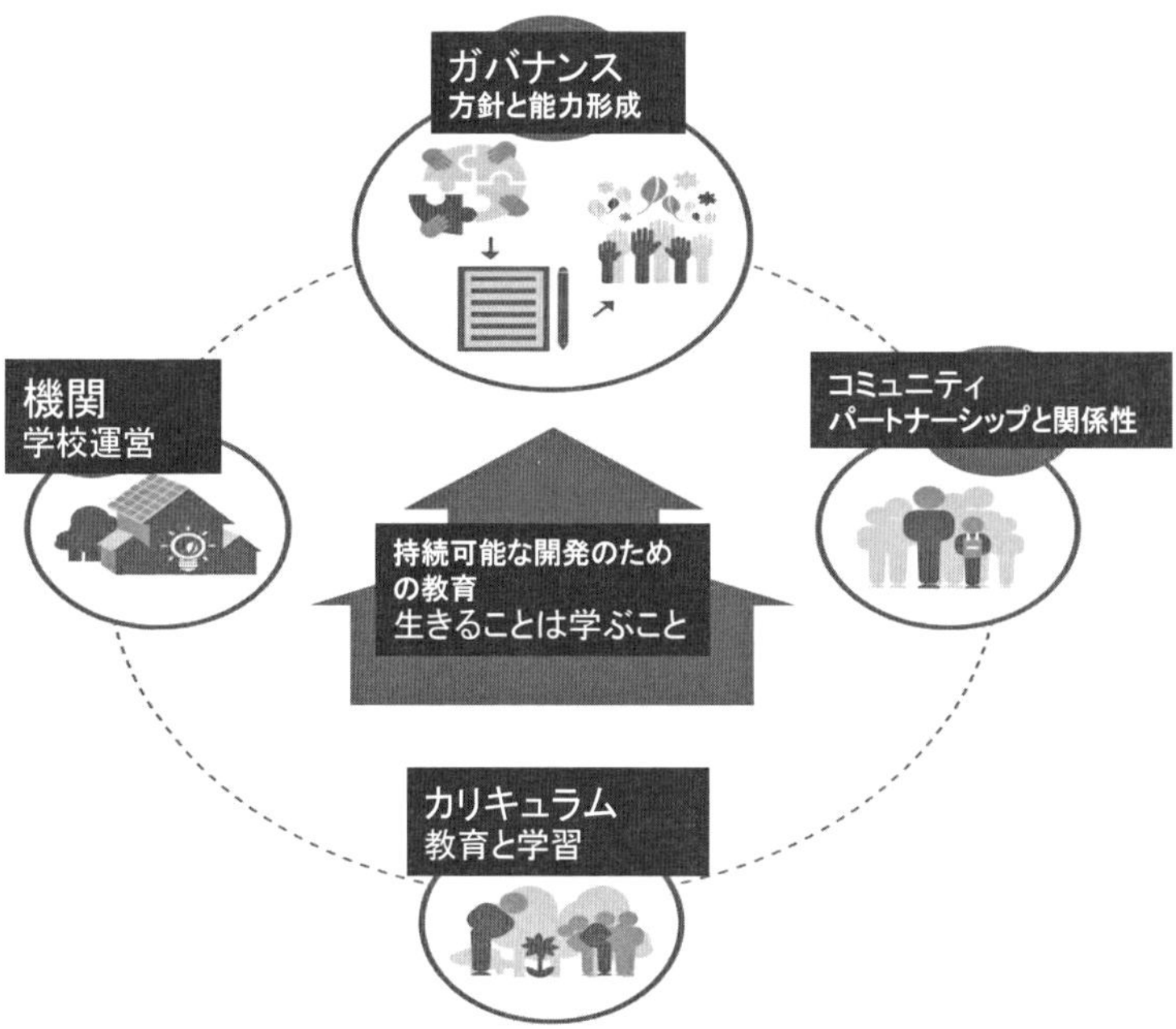


図１　機関包括型アプローチ

出典：UNESCO, Shaping the Future WeWant, 2014, p.89.
Figure 4.2.1.4: The whole-school approach を筆者訳。

トナーシップ）」を見据え、これら全体構造を見据えてマネジメントしていくことを「ガバナンス」（方針・能力形成）で可視化しています。筆者は、「機関包括型アプローチ」は、この全体構造をイメージして、制度改革や教育活動を行うことと定義したいと思います。

## 持続可能性の変容のための５段階

欧米では、「サステナビリティ（持続可能性）という概念（考え方）が大きな研究テーマになっています。理論研究の観点からアプローチするものと、実践的アプローチの観点で見ていくものがありますが、全体像を把握するのに有益と思ったのが、**図2**です。

地球環境問題や貧困・経済格差、偏見・差別等など、現在の「持続不可能な状況」を「持続可能状態」にしていくには、その移行期にどんなことをやっていく必要があ

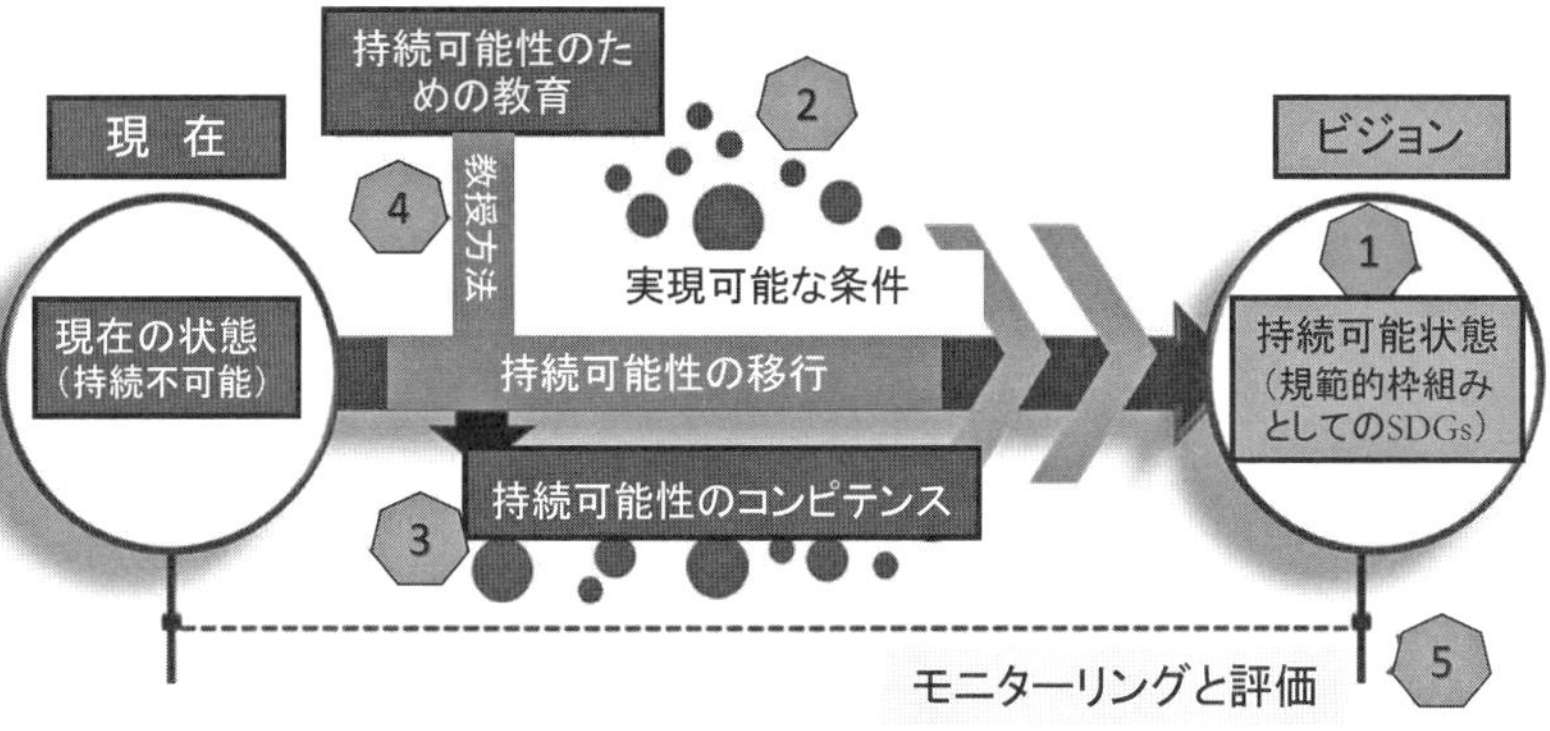


図２　持続可能性の変容の枠組みと主要な５段階

出典：V.Kioupi et al., Education for Sustainable Development: A SystemicFramework for Connecting the SDGs to Educational Outcomes. *Sustainability*, 11（21）, 2019, p.6.
Figure 2. Educational framework for sustainability transformation and main stepsを筆者訳。

るのか、その全体像を可視化した図です。持続可能性のコンピテンス（資質・能力）や評価（モニタリングと評価）も入って、全体のトータルに把握をして、例えば学校という組織とそのあり方をどうしていくのかを考えていく枠組みです。学校や教師のあり方を考え変革する取組み（改革実践の活動）や大学教育改革や教師教育改革を考え変革する取組みについて、その全体像を見据えていくイメージ図として非常に有効だと思います。３「持続可能性のコンピテンス」や５「モニタリングと評価」は、１「ビジョン（持続可能状態：規範的枠組みとしてのＳＤＧｓ）」、２「実現可能な条件」および４「持続可能性のための教育」という５つの全体構造の中で研究・実践を行う必要があるということです。

## ＯＥＣＤのラーニングコンパス

ＯＥＣＤの「ラーニングコンパス」が注目されていて、文科省は次期学習指導要領（同省資料では２０２７年改訂を予定）に着手していますが、現在のところこの考え方を基礎にして進められていると予想します。ラーニングコンパス（学びの羅針盤）の中心には、コンピテンシー（資質・能力）が位置づけられていますが、コンピテンシー（資質・能力）は、学びや経験・行動の結果として重要であることは認めたうえで、新しい変革期の学校とか教師

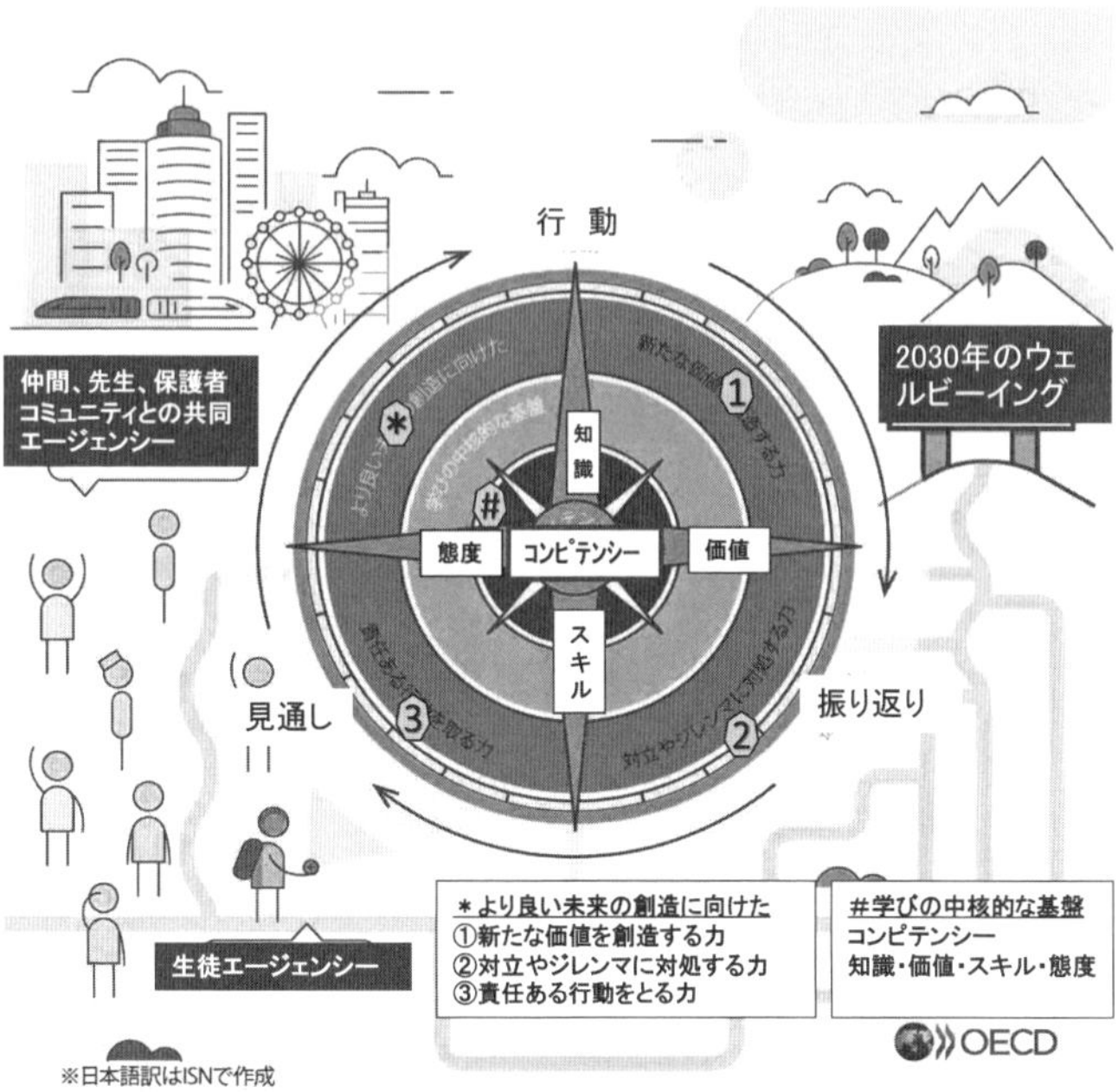


図３　OECD ラーニング・コンパス（学びの羅針盤）2030

出典：OECD, Future of Education and Skills 2030: Conceptual learning framework, 2019. 仮訳「ラーニング・コンパス（学びの羅針盤）2030」（2020）日本イノベーション教育ネットワーク，p.5 をもとに筆者訳。

が学校現場で主体的にどのように実践をしていくか（実践を創発していくか）ということ、そしてまたそのような実践を制度改革につなげていくかといった、その文脈（枠組み）を視野に入れる必要があり、コンピテンシー論に特化していくと「木を見て森を見ない」ことになると考えています（図３参照）。

## 機関包括型アプローチで「令和の日本型の学校教育を創る」ために

ここからは、「令和の日本型の学校教育をどう創るか？」について、ＥＳＤの「機関包括型アプローチ」を導きの糸として探究してきたことをお話しします。

ユネスコ／国連のＧＡＰ（global action plan 2015–2019）というＥＳＤ行動計画では、五つの優先的行動分野をまとめて

図4　グローバル・アクションプログラム（GAP）ロードマップ

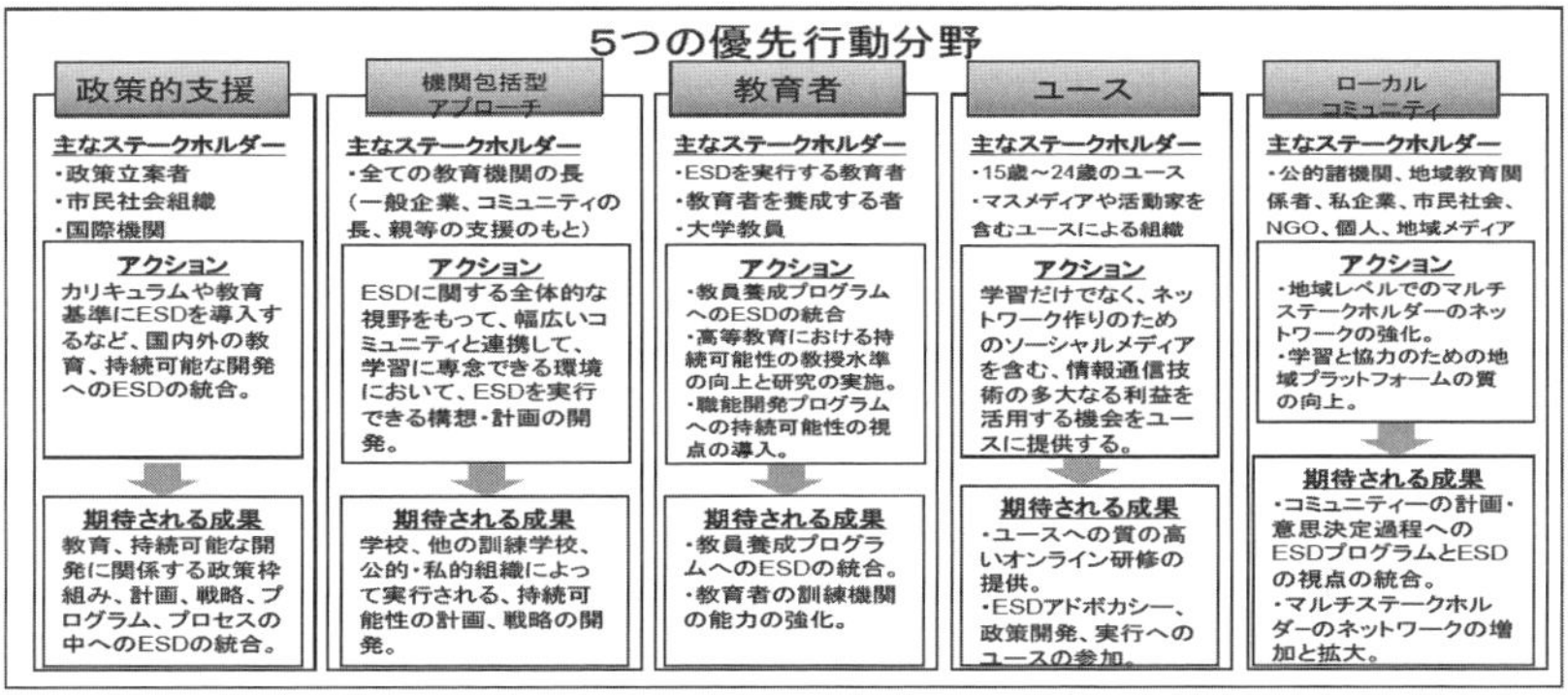


出典：「ユネスコスクール通信」No.1，宮城教育大学国際理解教育研究センター，2015年1月。

います。**図4**のように、①政策、②機関包括型アプローチ、③教育者、④若者、⑤コミュニティです。私たちのプロジェクトが②をメインに据えたのは、大学や教育委員会・学校等を始めとする機関の長が、ESDの視点でこれまでの教育の在り方を見直す役割と責任が特段にあるということを強調したいからです。③④⑤に焦点を当てることが一般的ですが、①（政策）と②（リーダー）こそ責任を自覚しなければならないのです。

国連のSDGsの考え方は、「人類共通の課題である17の持続可能な開発目標を共通認識して環境・経済・社会の在り方を見直しましょう」ということであり、そのためにESDとSDGsを統合し、総合的に見直す枠組みとなったのです（ESD for 2030）[3]。ですから、現代の大学の在り方・役割を考えた時に、ESD／SDGsの視点は当然に重要となります。

ネット社会時代の今「知の再構築」の時代にあって、「大学の知・学び」の有効性やその在り方が問われていますが、教育基本法7条（大学）や学校教育法7章（大学）に規定された教育・研究・社会（地域）貢献をホリスティック（全体的）に見直し、再構築していく必要が出てきます。それには、先の5つの優先的行動分野をすべて組み入れ、総体としてうまく機能するようにしていく（マネジメントする）という考え方（枠組み）が必要になると考え、「機関包括型アプローチ」

をメインに位置づけました。大学・学部や教育委員会・学校等の機関が、**図1・2**のような構図でＥＳＤ／ＳＤＧｓを推進していく責任があると考えます。教育者の実践や若者・地域の実践的取組みが社会的な変容に繋がっていくには、「内発的・創造的に実践・活動を行い、その成果を学校改革とシステム転換に繋げる」枠組みを基軸にする必要があります。同時に、①政策の責任も極めて大きいのであり、政策の主流化（mainstreaming）を進めることを期待（要請）します。プロジェクトは、このような考え方にもとづいて、システム改革につながるような金型づくり（モデル開発）を企図し、多様なステークホルダーと連携・協働を行っています。

基本的な改革すべき課題（内容の項目）は多岐にわたるので、一つ一つを個別に断片化して研究・教育するだけではなく、複雑な関連構造や全体像を把握することで、サステナビリティ（持続可能性）を探究することです。持続可能性の教育・研究とそのための大学・学校の変革には、学際性と多様なステークホルダーとの連携・協働が必要となりますが、持続可能性のためのガバナンスや持続可能な開発のための移行をどうするかというのが重要な実践的課題になってくると思います。

このような課題意識でモデル開発の理論的な探究を行うと、今の学校の教育実践者である教員、また政策担当である文科省・教育長はじめとする政策担当者、そして学校の校長・教頭・管理職等に求められているのは、「見方・考え方をリニア型でなく複雑系で働かせること」ではないかと思います。教科等の「見方や考え方を働かせ（る）」ことは、今次の学習指導要領の各教科等の目標冒頭に出てきます。いわゆるその教科等の本質は何かを考えるということですが、見方・考え方を働かせるのは、大きな変革期にあっては、もっと大きなカテゴリー、例えば、教育・学校・教師とは・学ぶとは、ではないかと思います。

例えば、今の学習指導要領の見方・考え方を、「研修の見方・考え方」に働かせてみると、研修イメージの風景が変わり、新しい方向性が見えてくると思います。山﨑準二は、今の「教員育成指標は単調右肩上がり、積み

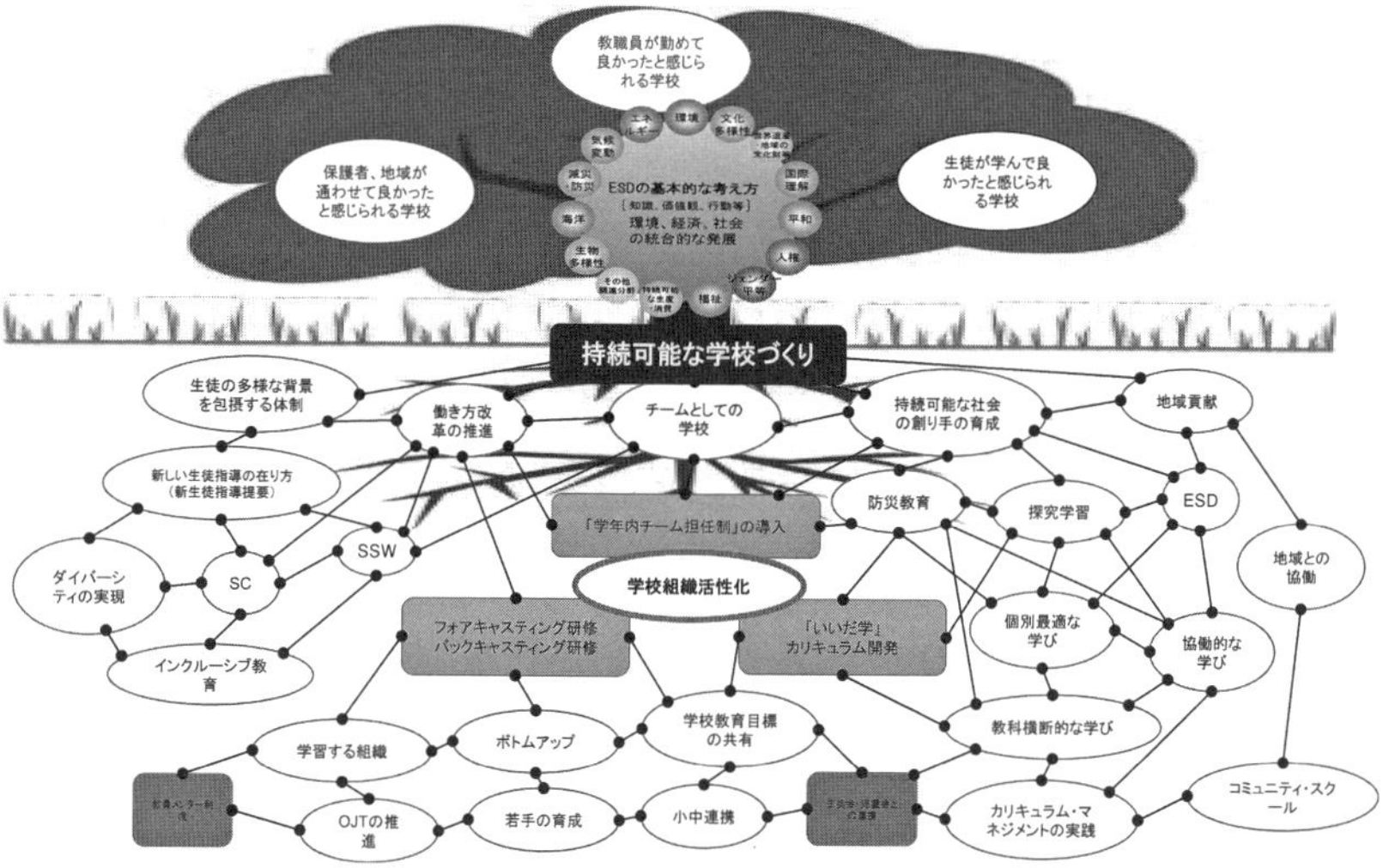


図５　「持続可能な学校」ゾーム図

出典：小山龍介2018年の講演を参考に赤星信太朗作成，2022年。

上げ型」と呼び、「『選択的変容型』になっていない」と指摘していますが、多くの研究者・実践家がそう感じていると思います。[4] 発想を転換し新しく創っていく（創発する）には、研修の見方・考え方を働かせていくことが出発点です。見方・考え方（発想）のデザインが豊かになった時に、実際の制度・運用や教育実践（活動）のアイデアが出てくると考えます。大学や学校現場において、このように学校改革の在り方・方向性や研修の在り方・方向性を考える中で、具体的に働き方改革、カリキュラム・マネジメント、チーム学校・校務分掌、生徒指導等の具体的な見直しが発想豊かに行われると考えます。

## 創発する学校と教師の実践・研究のための大学の連携・協働

いま、「見方・考え方を働かせ」というのをどういうふうに考えたらいいかということで、現職院生の方々と一緒に考えています。プロジェクトの成果を活かして、学校改革をどのような考え方で教師が主体的に進めていったらよいかを考えています。**図5**は複雑系のアプロー

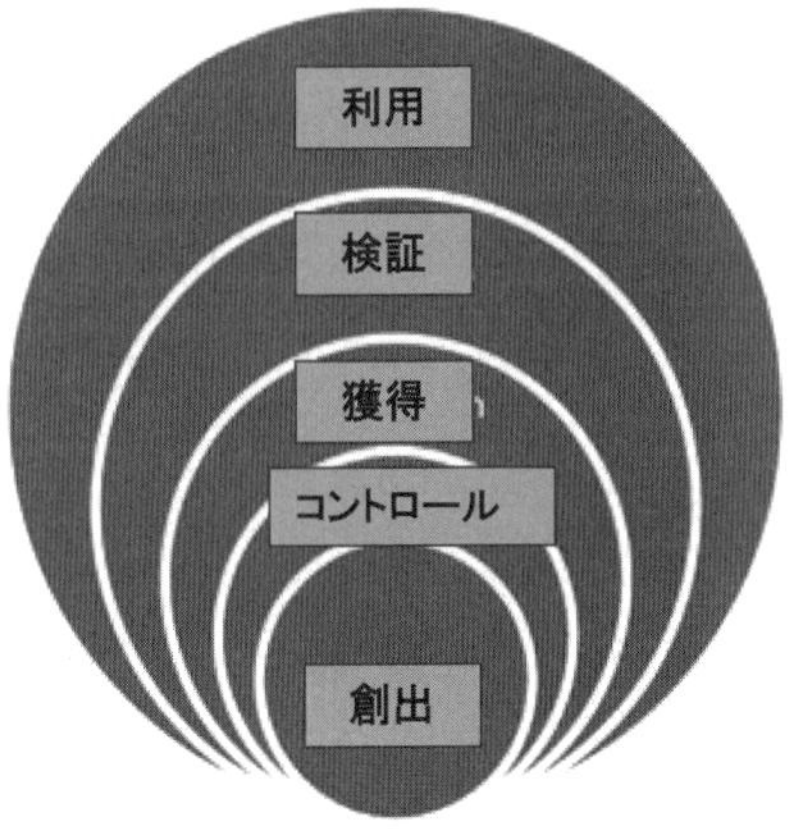


図６　知識の創出・コントロール・獲得・検証・利用
～グロバール共有財（common goods）としての知識

出典：UNESCO, *Rethinking Education*, 2015, p.79を筆者訳。

チで持続可能な学校づくりを考えたものです。リゾーム（地下茎）というのを参考にイメージ図を作成しました。

今、学校の中では複雑にたくさんの問題が起こり、対応を迫られています。働き方改革だとか、それから持続可能な社会の創り手の育成とかというのも入っていますし、多様な背景を抱えた子どもたちへの指導をどうするか等、地下茎というか現場ではいろいろな動きがうごめいているわけです。一方、上のツリーのところでは、学校目標等が校長先生を中心として作成され、「これをやってくれ」と要請してくるわけですけれども、この二つの調整・接合をしっかりと行う必要があります。そこで、この橋渡しとして「持続可能な学校づくりの観点」を入れることで、両方を繋ぎ循環させて養分なりエネルギーを湧き出させたいのです。単線型の発想＝「これをやったからこの芽が出て育っていく（一課題に対応）」ではうまくいかないのです。そこで、リゾーム（地下茎）という複雑系の考え方を取り入れてほしいのですが、ただし今の学校は「これをやったらこれになる」という単線型の発想を簡単に脱することはできないので、「接ぎ木するにはどうしたらいいか」ということで、このイメージ図を作ってみました。ＥＳＤの基本的な考え方の図や機関包括型アプローチの図などを考えています。イメージというのは

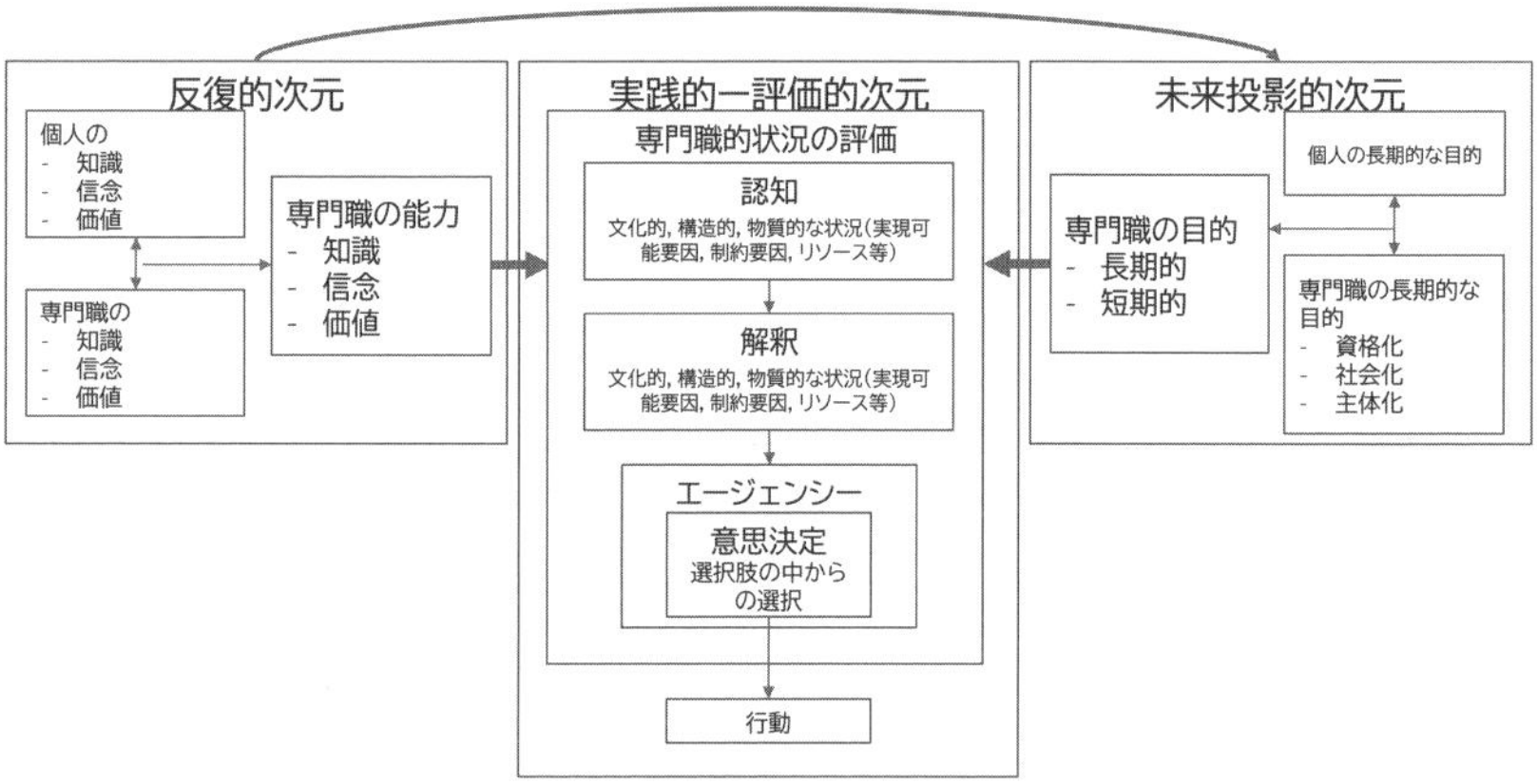


図7　エコロジカル・教師エージェンシー（ETA）モデル

出典：Priestley et al.（2015）p.30をもとに作成した Leijen et al.（2020）p.297の図を，櫻井直輝・木場裕紀（2021）が翻訳した。一部筆者改訳。
・Priestley et al.（2015）Teacher Agency: An Ecological Approach, Bloomsbury Academic.
・Leijen et al.（2020）Teacher Agency Following the Ecolagical Model, *British Journal of Educational Studies*, Vol.68, No.3, pp.295-310.

非常に重要なので参考にしていただければと思います。

これもまたユネスコの文書の中に出てきますが（**図6**）、知識とか知を学校の中でどう新しく創っていくか。子どもを中心に据えて教員や親・地域がどのように学びを一緒に創っていくか。その創ったものをコントロールし獲得し検証し利用するという、この一連の知識論の枠組みの中で考えていく必要があります。グローバルなコモングッズ（common goods）＝グローバル公共財としての知識（の創出）という観点で学校とか教師、そして学校の学びも再構成していく提案をユネスコはしていますが、新しい視点として重要だと思います。

## ETA（エコロジカル教師エージェンシー）のモデル

「教師が内発的・創造的に実践・活動を行い、その成果を学校改革とシステム転換に繋げる」枠組みで複雑系の見方・考え方を働かせて教育実践活動を行っていくには、「エコロジカル・教師エージェンシー（Ecological Teacher Agency）」モデルも大変参考になります（**図7**）。教師が「木も見て森も見る」ことをしながら内発的に主体性を発揮していくために、「実践的・評価的次元」で決断（意思決定）して実践を行っていくのですが、「反復的次元」＝今までのキャリアというか経験等の次元、「未来投影的次元」＝これからどうなるかどうするかの次元を含んで全体を往還し実践の決断を行っていくことで、自己の省察や他者への説明責任が可視化し言語化されます。それが対話や共通理解や連携・協働の舞台を創ることにもなると考えます。教師の主体性が生まれてくる好循環の枠組みを構築し、その有効性を検証できるのが、このモデルではないかと考えています。

## おわりに

ユネスコは、「学校や大学は、自らを持続可能な開発のための学習と経験の場と見なし、全ての学習と経験の過程をサステナビリティの原則へと方向付けるべきである」と提唱しています。[5] これからの学校改革や教師教育改革も、多様な関係者（ステークホルダー）と連携・協働し、持続可能な学校づくりと教育実践についてグローバリーに考え地域から一歩ずつ創っていくことではないでしょうか。

注

（1）ＥＳＤほりぷ（HoRIP）:「ＥＳＤ関連の内在的な教師実践をホリスティックな公立学校改革に結びつける枠組み研究会」'A framework study group that links public schools to Holistic Reform through the Intrinsic teacher Practice of ESD' の略称。

（2）その後２０２２年３月に東京学芸大・福井大・大阪教育大・兵庫教育大の４大学が指定された。

（3）２０１９年11月に第40回ユネスコ総会、12月に第74回国連総会で採択された新たな国際的枠組み。「Education for Sustainable Development: Towards achieving the SDGs（ESD for 2030）」。ＵＮＥＳＣＯが主導的な役割を担う。

（４）山﨑準二「教員の育成・管理をめぐる政策を考える―教師のライフコース研究の立場から」『季刊教育法』№２０９、２０２１年、13頁。

（５）UNESCO, Education for Sustainable Development Goals: Learning Objectives, 2017, p.53.

### 参考文献

梅澤収「地域・学校づくりをＥＳＤの観点で考える―大学の役割を問いながら」『日本教育政策学会年報』第27号、２０２０年、90‐99頁。

梅澤収「教育実践を学校・教師改革に繋げる―ＥＳＤ／ＳＤＧｓのホールスクール・アプローチ」『静岡大学教育学部附属教育実践総合センター紀要』32号、２０２２年、59‐69頁。

梅澤収「ＥＢＰＭ時代における教育実践と制度改革の枠組みの構築―公立学校の変革支援の枠組みをどう創るか（公開シンポジウムまとめ）」『日本教育政策学会年報』29号、２０２２年、68‐75頁。

梅澤収「Society.5.0 とＳＤＧｓ／ＥＳＤ政策の批判的分析：実践↔制度改革の複雑系アプローチから」『静岡大学教育学部附属教育実践総合センター紀要』33号、２０２３年、１８０‐１９５頁。

# 終章

# 「令和の日本型」教育と教師

## ——新たな教師の学びのために

岩田康之

本書第1章～第4章に収められた論考は、２０２１年11月15日に中央教育審議会「令和の日本型学校教育」を担う教師の在り方特別部会が「審議まとめ」を出したことを受けて、日本教師教育学会が企画した二回の公開学習会（２０２２年1月23日・2月13日）および公開シンポジウム（同年3月13日）で話題提供がなされた内容を再構成したものです。

このうち、3月のシンポジウムには、会員外から荒瀬克己氏（教職員支援機構理事長）をお招きして、この特別部会での議論について、内部資料の紹介を含めてご説明いただくとともに、あわせてその後の政策の展開についての氏の見解をおうかがいしました。荒瀬氏は当時この特別部会の部会長代理を務めており、さらにその後２０２３年3月からは中教審の会長を務めることとなります。教員出身の委員が中教審の会長を務めるのは初めてのことで、今後の日本の教育政策を方向づけるうえでその「現場感覚」が活かされることが期待されます。

残念ながら本書に荒瀬氏の話題提供の全文を採録することは適いませんが、この終章では手許のメモから荒瀬氏の述べられたポイントをいくつか紹介するとともに、その後に中教審より出された「『令和の日本型教育』を担う教師の養成・採用・研修等の在り方について～「新たな教師の学びの姿」の実現と、多様な専門性を有する質の高い教職員集団の形成～（答申）」等の政策動向も見据えつつ、今後の教師の学びを考える手がかりを探りたいと思います。

## 荒瀬克己氏の話題提供から

荒瀬氏はシンポジウムにおいて、特別部会の「審議まとめ」についてまず「大事な部分は「おわりに」にある」として、「学びに専念する時間を確保した一人一人の教師が、自らの専門職性を高めていく営みであると自覚しながら、誇りを持って主体的に研修に打ち込むことができる姿の実現」、より具体的には「教師の学びの内容の多様性」に加えて「学びのスタイルの多様性を重視する」「協働的な学びを実現していく」ことが重要であるというメッセージがここに込められているのだ、と「審議まとめ」の文言を引用しながら紹介されました。そしてそのような「教師の個別最適な学び、協働的な学び」を提供していくことは、学習指導要領に謳われているような、子どもたちの個別最適かつ協働的な学びをつくっていくうえで大事なのだ、というふうに、双方が相即的なものであるとの指摘もなされました。

この時のシンポジウムにおいて荒瀬氏は、同氏の前に話題提供を行った安藤知子・久保富三夫両会員と「趣旨的には変わらない」と述べられたように、それぞれの見解には共通点が目立ちました。例えばこの「審議まとめ」以降に具体化することが想定される教員研修の受講履歴管理システムに何を記録するかについて、①任命権者実施研修（法定研修等）・②職務研修や職専免研修など・③任命権者の判断で加える①②以外の研修、の三者のうち「①だけでよい」と久保会員が述べたことを受けて「私もまったく一つ目だけでよいと思っています」と賛意を表し、そのうえで「具体的に、先生ご自身がどういった学びをしたのかということを自分で振り返ることができるようなポートフォリオ的なものは大事なのではないか」、ただし「当然のことながら、それを記録するのは先生方がご自分でポートフォリオみたいな感じでお書きになったりメモなさったりということが大事ですけれども、研修履歴としてどこか登録する必要はないと思います」と明言しておられます。

私自身もこのシンポジウムに指定討論者として参加し、安藤会員・久保会員・荒瀬氏の三つの話題提供の論点について整理を試み、そのうえで今後の政策動向を見据えるポイントを指摘する中で、研修履歴をコンテンツベースで管理することにはそもそも限界があるだけでなく、教師の主体的な学びを組み立てるうえで阻害要因にもなりうるので注意を要する、という趣旨の指摘をしました。リモートで開催されたシンポジウムゆえ、臨場感をつかみにくい面もありましたが、総じて今後の教師たちの主体的な学びを構築する方向での、前向きな雰囲気が共有されていたようです。

## 「答申」に至る動向をどう捉えるか

### （1）2022年答申の読み解き

この「審議まとめ」は、文部科学大臣から中央教育審議会に対してなされた諮問「『令和の日本型学校教育』を担う教師の養成・採用・研修等の在り方について」（2021年3月12日）のうち、主に「教員免許の在り方」の趣旨説明において、「教員免許更新制」について「抜本的な見直しの方向について先行して結論を得ていただきたい」とされたことを受けて、中教審が通常の部会とは別に特別部会を設置してこの点についての審議を先行させてまとめられたものです。通常、日本の教育政策は文部科学大臣の「諮問」に対して中教審が「答申」を出し、それを踏まえて関連法規や規程が改められていきますが、この「免許更新制の廃止」～「研修履歴管理」への移行については「審議まとめ」が出された後、「答申」を待たずに法改正が行われています（2022年5月11

日、「教育公務員特例法及び教育職員免許法の一部を改正する法律案」が参議院本会議で可決成立)。

これと並行して、中教審では他の諮問事項に関わる審議を引き続き行い、「「令和の日本型学校教育」を担う教師の養成・採用・研修等の在り方について～「新たな教師の学びの姿」の実現と、多様な専門性を有する質の高い教職員集団の形成～(答申)」を２０２２年12月19日に文部科学大臣に提出しています。

この答申は、「審議まとめ」で提案された内容の骨子を「第Ⅱ部 各論」の「3. 教員免許の在り方」に含みこむとともに、「1. 「令和の日本型学校教育」を担う教師に求められる資質能力」「2. 多様な専門性を有する質の高い教職員集団の形成」「4. 教員養成大学・学部、教職大学院の在り方」「5. 教師を支える環境整備」といった、２０２１年3月に諮問された他の事項への審議を含めて構成されています。

ここで注目すべきは、この答申の「第Ⅰ部 総論」の中で「他の会議体等からの提言・要請」として、具体的には「経済財政運営と改革の基本方針２０２２ 新しい資本主義へ～課題解決を成長のエンジンに変え、持続可能な経済を実現～(２０２２年6月7日閣議決定)」、「規制改革実施計画(２０２２年6月7日閣議決定)」、内閣府総合科学技術・イノベーション会議教育・人材ワーキンググループ「Ｓｏｃｉｅｔｙ５・０の実現に向けた教育・人材育成に関する政策パッケージ」(２０２２年6月2日)、教育未来創造会議「我が国の未来をけん引する大学等と社会の在り方について(第一次提言)」(２０２２年5月10日)の四つが挙げられていることです。そのいずれもが、今後の学校教育の担い手としての「外部人材の登用」の促進を訴え、そのために現行の教員免許制度や教職課程の在り方の見直しを迫っています。これらの「提言・要請」は、答申の中では特に「第Ⅱ部 各論」の「2」において教員の養成・採用の見直しや特別免許状の活用促進を通じて「多様な専門性を有する質の高い教職員集団の形成」を提言する部分に反映されています。

文部科学大臣の諮問機関である中教審の答申がこうした外の会議体の動向を踏まえてまとめられるのは異例のことです。それはとりもなおさず、「令和の日本型教育」と謳われる今回の改革が、これまで文部科学省が進めてきた一連の政策の枠を超えるものであることを示しています。

## （2）質保証策のシフト：免許制度から研修制度へ

この「令和の日本型教育」の担い手をめぐっての政策の動きは、端的に言えば教育の担い手の質の担保（質保証）において入職前の免許状取得のプロセスに依存する割合を下げ、入職後の継続的な学びの中で質の担保を行っていく方向へのシフトを核とするものと読み取れます。

これは、政策的な「落としどころ」としてはそれなりの合理性を持っています。日本における教員免許更新制の導入（2009年度から）が拙速ゆえに制度設計に多くの穴を抱え、その後に部分的な手直しをすることでの改善が難しくなってきていた（廃止を含めて抜本的な見直しが望まれるようになっていた）ことは多くの教育関係者に共有されていたところでしょうし、これを廃止する一方で入職後の研修制度への依存を高めることは、免許更新制の発展的解消というロジックにつながるだけでなく、前述のような各種会議体の提言・要請にあるような外部人材（入職前に大学における従来型の免許取得のプロセスを経ない人）の登用促進を前提として、それをフォローする施策にもなりえます。

そしてそれに合わせるように、入職前の免許状取得のプロセスも柔軟化されてきています。この答申の中で「既に実施した制度改正」（「第Ⅰ部　総論」の「3」(1)の②）では「教員養成フラッグシップ大学」「教職課程における義務教育特例の創設」「教職特別課程の修業年限の弾力化」等が挙げられていますが、このうち「フラッグシップ」の認定を受けた大学においては二種免許状の単位数で一種免許状の認定を可能とし、差分の単位で新しいプログラムの開発を行う取組みの支援を旨としており、また「義務教育特例」とは小学校と中学校の教職課程を併設する場合に科目や専任教員の共通化の範囲を拡大するという形での弾力化を旨としており、さらに教職特別課程の弾力化は、主として社会人を対象として免許状取得に至るプロセスの拡大を企図しています。

このように見てくると、免許制度によって入職前に共通に学ぶことの比重を下げ、教員それぞれが入職後の研修を重ねる中で職能成長をしていくことを促す方向性は明確です。

## （3）「新たな教師の学び」をめぐって

入職前の教員養成だけでなく、入職後も継続的に教員たちが学び続けることを促進するという趣旨の提言は、2012年8月28日に中教審から出された「教職生活の全体を通じた教員の資質能力の総合的な向上方策について（答申）」の中でも、教職生活全体を通じて「学び続ける教員像」を確立するという筋で述べられています。ただし、この2012年答申と今回の2022年答申とでは、少なくとも大きく二つ異なる点があります。

ひとつは、2012年答申が教員免許制度の整備によって教員資質のレベルアップを担保しようとしているのに対し、2022年答申は逆に免許制度を弾力化する一方で研修の充実を図ることを企図している点です。2012年答申では「基礎免許状」（学士）・「一般免許状」（修士レベル）・「専門免許状」（「一般」に加えて特定分野での専門性を認定）の三種の免許状を設定して教職キャリアのステップアップがイメージされていたのに対し、2022年答申では入職後に教育委員会によって行われる「研修履歴を活用した対話に基づく受講奨励」等の、各地方の教育行政の取組みに委ねられる形で「教員研修の高度化」が目指されています。

もうひとつは、2012年答申においてはこの免許制度の階層化を踏まえて、入職後の教師の学びの場として主に教職大学院が想定されていたのに対し、2022年答申では教育委員会が主に研修履歴の管理や受講奨励等を行い、教職員支援機構や大学等との連携によってこれをサポートする仕組みが打ち出されていることです。「新たな教師の学び」の場のマネジメントという点で、2022年答申では地方教育行政の比重が高まっており、この点には注意を要します。シンポジウムにおける安藤会員の話題提供の中で「「研修システムを運用する側」についての懸念」（第2章）が述べられているのは、まさにこの点を捉えたものと言えましょう。

## 今後の動向と学会の役割

以上のようなことから、当面想定される日本の教育改革の動向において、教師の学びについて大きく二つの方向性が見えてきます。端的に言えば、免許制度が弾力化に向かうこと、そして教育の担い手が多様化していくこと、の二つです。

前者の方向性を踏まえるなら、大学における教員養成カリキュラムを、免許法の枠組みから離れて考える必要が増してきます。子どもの主体的な学び、その学びを支援する教師自身の主体的な学び、そして教師教育の担い手も自立的にカリキュラムを捉え、実践していく、という連関が実現していくことが望まれます。そして後者の方向性を踏まえるなら、多様化した教育の担い手たちが連携・協働して、今後の子どもたちの学びを導いていくマネジメントがこれまで以上に重要になってきます。「答申」に盛り込まれた「他の会議体等からの提言・要請」はいずれも外部人材の登用を求めていますが、そうした外部の人たちを取り込んだうえで、今後の学校教育やその担い手の全体像やマネジメントをどうするかといった検討はこれからの課題です。さらには外部から教育の担い手に加わった方々のその後のキャリア形成も見据えた研修の在り方を考えていく必要も生じてきます。

本書に収められた各会員の話題提供は、こうした今後の動向を見据えた教師教育研究や実践の方向性を考えるうえでも有益な知見を与えてくれています。前者の論点に関わっては、浅井会員の話題提供（第1章）にある同心円のイメージはとても示唆的です。教師がそれぞれの実践の中で課題を捉えることが核にあり、そこから同心円状に学びが広がっていく。さらには民主的・共同的な学びへと発展していくプロセスの提案は、既存の枠組みにとらわれずに今後の教師の学びを考えていく基本コンセプトになりえます。後者の論点に関わっては、梅澤会員の話題提供（第4章）にある機関連携型アプローチの考え方が有益な知見を与えてくれています。

日本教師教育学会は、教師教育に関心を持つ研究者の集まりです。会員の多くは教育学を専門とした研究者ですが、そのディシプリンは多岐にわたります。また初等・中等教育の現場での実践経験を豊富に持つ会員も少なくありません。学会としてはそうした多様な会員たちの研究交流を通じての研究水準の向上が重要な仕事であることはもちろんですが、それにとどまらず、今回の一連の学習会や公開シンポジウム、さらには書籍化等を通じた外向きの発信も重要な役割です。

今後は教員の入職後の研修の充実が謳われています。研修のコンテンツやメソッドについての研究開発や発信にとどまらず、本書に収められた諸論考のような、「教師の主体的な学び」といった基本コンセプトそれ自体の検討やその具体化の手立てといったところの発信こそが、専門学会の真骨頂なのではないでしょうか。

資　料

# 日本教師教育学会「審議に対する要望書」

２０２１年６月14日
中央教育審議会
「令和の日本型学校教育」を担う教師の在り方特別部会
部会長　渡邉光一郎　殿

日本教師教育学会理事会
日本教師教育学会会長　浜田博文

## 審議に対する要望書

当学会は、教師教育に関する専門的研究者で構成される、日本学術会議の協力学術研究団体の一つです（２０２１年４月17日現在、会員数は１，２５７名）。去る２０２１年３月12日付けで文部科学大臣から中央教育審議会に「令和の日本型学校教育」を担う教師の養成・採用・研修等の在り方について諮問され、貴特別部会において具体的な審議がなされていると承知しております。その諮問内容にはこれからの教師教育および教職の在り方に重大な影響を及ぼす事項が含まれております。そのため、専門学会の立場から、下記の事項について深く考慮して審議を進めていただきますよう、強く要望いたします。

―記―

**1. 日本の学校教育を根底で支える専門的職業としての教職という仕事の特性を十分に踏まえたうえで、その魅力をいっそう高め、現職教員および教職志願者が専門職としての誇りを感じられるようにすること。**

① 教職は公教育の質的水準を左右する職業である。そうした前提のもと、従来の政策では、教職を医師や弁護士に匹敵する専門職として確立することを強く意識した諸制度改革が提言され実施されてきた。職業への参入障壁を一定水準に維持する免許状の制度と取得要件は、職業の社会的地位の根幹を成す条件として重視されてきた。

② にもかかわらず近年は教員採用選考試験の倍率低下傾向が顕著にみられ、若い人々にとって教職の魅力が減退している可能性が強く危惧される。その要因は教員の勤務環境条件をはじめとした複合的なものとみられるが、精緻な調査は実施されておらず、早急に原因究明がなされるべきである。

③ 少なくとも、教員免許状の取得要件を緩和する改革は教職に対する社会的評価をさらに低下させ、現職教員の誇りや意欲を減退させ、優秀な志願者層を遠ざける危険性をはらむものであることを深く認識すべきである。

**2. 日本の教職の質の高さは、戦後の歴史を通じて確立された「大学における教員養成」「免許状授与の開放制」「相当免許状主義」という基本原理によって維持されてきたことに鑑み、これらに反する制度改革は行わないこと。教師の需給関係は社会経済的な諸要因によってこれまでにも大きく変動してきた。前掲1の点を踏まえるなら、一時的な量的不足への対応方策は、あくまでも臨時的・特例的な措置として考えるべきであること。**

**《大学における教員養成》** 初等・中等教育の学校教員の養成は、大学教育を通じて学問に基づく一般的教養と専門的教養を追究し習得するべきだということ。専門的教養は、各教科の内容を支える教科専門教養と、教育の理念・方法や児童生徒の発達等から成る教職専門的教養を重要な柱とする。

**《免許状授与の開放制》** 教育職員免許法に基づく条件を備えていればどの大学においても教員免許状を取得するこ

とが可能であり、国家が特定の大学のみを教員養成機関として指定するような閉鎖制を廃するということ。これにより、多種多様な学部・学科で様々な学問を追究した者が教員免許状を取得する道が開かれる。

**《相当免許状主義》**教職の専門性は学校種別（児童生徒の発達段階や障害の種類等）と教科別で異なるという考え方に基づいて教員免許状とその取得要件を規定すること。小学校教員には児童の学習・生活の全体に配慮しながら教科横断的な視野をもって指導する資質・能力が重視される。中学校と高等学校の教員には教える教科の内容をより体系的に理解した上で各発達段階の生徒に教えるための資質・能力が重視される。

① 現行の教員免許状は「普通免許状」「特別免許状」「臨時免許状」で構成されるが、その中心を成す「普通免許状」は前掲の《免許状授与の開放制》にあるように元々多様な取得ルートをもっており、教職員組織は「均質な集団だ」との観念は誤りである。現行教員免許状制度は、多種多様な教職志願者に大学教育4年間をかけて所定の教職専門教養を学修させ、教職全体で共有すべき専門性を保証していることを深く理解すべきである。

② 教職以外の様々な職業や社会経験を積んで独自の専門的知識等を身につけた人々が教職を志望する場合、大学の科目等履修生や通信教育等を通じて所定の単位を習得することが可能である。こうした仕組みはより広くPRすべきである。

③ 児童生徒にとって、小・中・高等学校の12年間は心身が大きな発達・変化を遂げる大切な時期であり、教師は発達段階の特徴を十分に踏まえながら一人ひとりの児童生徒の学習・生活の状況を理解し適切に指導するための高度の専門性を必要とする。学校種に対応した免許状区分の必要性を深く考慮すべきである。

**3. これからの社会を生きる児童生徒には汎用性の高い資質・能力が必要とされることに鑑み、児童生徒を教え導く立場の教師にはさらに高度の資質・能力（コンピテンシー）が求められるということを深く意識すること。**

① 新学習指導要領は、具体的な知識の積み上げではなく、各教科等の特質に応じた「見方・考え方」を働かせながら問題解決を図ったり、思いや考えを基に創造したりする「主体的・対話的で深い学び」を重視しており、それは国際的な動向にも合致している。知識量や機器操作のスキルといった技術合理的な考え方に囚われて教師の

専門性を捉えることは、こうした国際的潮流に逆行する。各学校で独自のカリキュラムや授業をデザインして実践し、児童生徒の学習状況を踏まえて柔軟に修正することができるコンピテンシーの視点を重視して教師の専門性を捉え直すべきである。

② ＩＣＴの導入を急激に進めたいからといって、ＩＣＴ機器やソフトウェアの操作にのみ関心を向けるべきではない。そのような技術合理的な力量は、機器やソフトウェアの種類に依存して変化するものであり、必要に応じて習得することが可能である。

**4．教職は学校における児童生徒の学習・生活のあらゆる側面を包括的に把握しながら業務に当たる専門職（ゼネラリスト）であり、あらかじめ限定された学校業務のみに専念する専門職（スペシャリスト）とは区別して理解すべきこと。**

① 教職以外の社会経験を通じて習得された外国語使用やＩＣＴ機器操作などの知識・スキルはこれからの学校教育にとって確かに有用である。しかし、それらは教師の専門性という観点からみると一部の要素と理解すべきである。

② 教職以外の多様な専門性を有する人材を学校のスタッフに位置づけることは、既に２０１５年12月の「チームとしての学校の在り方と今後の改善方策について（答申）」で提言され、スクールカウンセラーやスクールソーシャルワーカー等が学校教育法施行規則にも規定されている。今後も必要に応じて多様な専門的知識・経験を有する人材が学校教育に関与する道を検討することは重要であるが、教職の固有性について十分に考慮することが必要である。

**5．教員免許更新制度には当初から多くの問題があり、その廃止が検討されていることはよいことだが、それに替わる研修の仕組みを検討する際には、前掲3などを十分に踏まえて、各教師・学校の自律的で主体的な研究活動を促進する環境条件整備を進めること。**

① 専門職には高度の自律性が担保されるべきであり、専門性を高めるためには、教師が自身の課題意識を起点に

して学ぼうとする行為を支援し促すことが肝要である。児童生徒に所定知識の習得ではなく自ら判断して行動する力を身につけさせるのであれば、教師に求めるべき力は、所定技術の合理的適用ではなく、正解が不明瞭な中でも省察しながら状況を見極めて判断することのできる汎用性の高いコンピテンシーと考えるべきである。

② ところが、去る5月24日開催の免許更新制小委員会の「資料2」に描かれた「教師の学び」の姿は、任命権者が定めた指標や校外の研修提供者が作成した所定のコンテンツを前提にしている。教師の職能発達に関する研究は、教師の学びの主体性・内発性と多様性の重要性を明らかにしてきた。前掲の資料の内容は、それとは正反対の方向を向いていると言わざるを得ない。

③ 各学校で草の根的に行われてきた授業研究・校内研究は、日本の教師の質の高さを支える取組みとして国際的にも高い評価を受けている。これは授業改善と子どもの学びの質向上を目指す内発的な研修であると同時に、諮問の第二に挙げられた「質の高い教職員集団」の必須条件である協働性を構築する要素である。ところが、「資料2」の新たな仕組みや履歴管理はそれを全く考慮していない。学校外で作成された研修講座のオンラインによる提供は、手軽で便利な情報入手手段にはなっても、各学校の実態と教師の内発性に根ざした研修を実現するものではない。

④ 前掲③の点に加えて、現職教員の内地留学制度の拡充、大学院修学休業制度の活用を促す奨学金、教職大学院のみならず現職教員が大学で学ぶ機会の拡充など、教師が自律的に「研究する」ための環境条件整備も自由な発想で検討すべきである。

⑤ 教師が自ら主体的に学ぶことを支援するためには、学校の勤務環境条件の抜本的な改革を検討する必要がある。1日に担当すべき授業時間数の上限設定、教材研究・生徒指導のための時間、会議・打合せ・校内研修等の時間を勤務時間内で保障することは不可欠の勤務環境である。その検討をなおざりにしてオンラインツールの活用による研修を推進しても、教師の質保証の仕組みにはならないと考えるべきである。

## 審議に対する要望書【概要】

2021年6月14日
日本教師教育学会理事会

### 要望書のポイント

1．専門的職業としての教職という仕事の特性を十分に踏まえたうえで、その魅力をいっそう高め、現職教員および教職志願者が専門職としての誇りを感じられるようにすること。

2．日本の教職の質の高さを維持してきた「大学における教員養成」「免許状授与の開放制」「相当免許状主義」という基本原理に反する制度改革は行わないこと。教師の需給関係は社会経済的な諸要因によって変動するが、一時的な量的不足への対応方策は臨時的・特例的な措置であるべきこと。

3．これからの社会を生きる児童生徒には汎用性の高い資質・能力が必要であり、学校の教師にはさらに高度の資質・能力（コンピテンシー）が求められることを深く意識すること。

4．教職は学校における児童生徒の学習・生活を包括的に把握しながら業務に当たる専門職（ゼネラリスト）であり、あらかじめ限定された学校業務のみに専念する専門職（スペシャリスト）とは区別して理解すべきこと。

5．教員免許更新制度の廃止が検討されていることはよいことだが、それに替わる研修の仕組みを検討する際には、前掲3などを十分に踏まえて、各教師・学校の自律的で主体的な研究活動を促進する環境条件整備を進めること。

### 諮問のポイント

① 教師に求められる資質能力の再定義

② 多様な専門性を有する質の高い教職員集団の在り方

③ 教員免許の在り方・教員免許更新制の抜本的な見直し

④ 教員養成大学・学部、教職大学院の機能強化・高度化

⑤ 教師を支える環境整備

## 執筆者（執筆順）

◎牛渡　淳（うしわた・じゅん）　仙台白百合女子大学名誉教授
浜田　博文（はまだ・ひろふみ）　筑波大学教授／日本教師教育学会会長
浅井　幸子（あさい・さちこ）　東京大学教授
安藤　知子（あんどう・ともこ）　上越教育大学教授
久保富三夫（くぼ・ふみお）　元立命館大学教授
梅澤　収（うめざわ・おさむ）　静岡大学特任教授・名誉教授
○岩田　康之（いわた・やすゆき）　東京学芸大学教授

◎＝日本教師教育学会研究推進委員長・○＝同副委員長

**「令和の日本型」教育と教師**—新たな教師の学びを考える

2023年9月30日　第1版第1刷発行

編　者　日本教師教育学会

発行者　田中　千津子

〒153-0064　東京都目黒区下目黒3-6-1
電話　03（3715）1501（代）
FAX　03（3715）2012

発行所　株式会社 学文社

https://www.gakubunsha.com



印刷所　新灯印刷（株）

ISBN978-4-7620-3275-2